英傑たちの肖像写真

—幕末明治の真実—

渋谷雅之
石黒敬章
倉持基
土方愛
森重和雄

渡辺出版

まえがき

これまで歴史書は先人の書き遺した資料や書籍、それに口伝などによって作られてきました。写真はあまり重要視されず、補足的に添付されるにすぎませんでした。

しかしいまや映像文化の時代になり、映像で歴史が綴られるようになりました。幕末日本に渡来した写真は歴史映像の始まりです。未熟な技術であっても、その時代の事実の一コマを写し撮ったものであります。たかが写真されど写真で、一枚の写真の中には数多くの情報や歴史解明のヒントが隠されているものです。

本書は、幕末の動乱期から明治に活躍した英傑5名の残した肖像写真を調査することで、なにか新しい事柄、面白い事実などが発見できないかと意図したものです。明治天皇、坂本龍馬、西郷隆盛、近藤勇、土方歳三を取り上げますが、彼らの写真はすべて男振りが良いです（西郷は写真が無いですが）。良い男に撮れた写真を残すと、人気に一層拍車がかかるように思われます。本書はその人気に便乗しようとする気もちょっぴりは持ち合わせていますが。

本書の執筆者は、江戸川乱歩の「少年探偵団」になぞらえて、「古写真探偵団」と名付けました。次に今回英傑5名の肖像写真を調査した古写真探偵団の団員を紹介します。

渋谷雅之氏は徳島大学の名誉教授で薬学・化学がご専門です。2002年に『長井長義長崎日記』（徳島大学長井長義資料委員会編、徳島大学薬友会出版部発行）を出版された時から、長崎の写真師上野彦馬に弟子入りした井上俊三が坂本龍馬の写真を撮ったことを知り、龍馬の古写真のことにがぜん興味を覚えたそうです。歴史の調査は、専門とする化学の研究と似ていることが分かり、ストレス解消にもなると述べられています。このところ坂本龍馬の写真研究に執着し、各地に出かけて行っては龍馬の残された写真を悉く立ち入り調査されています。多くの取材ノートから龍馬写真の裏話を書いていただいております。

倉持基氏は東京大学大学院の若手の研究者です。私と倉持氏は日本写真芸術学会の仲間でもあります。倉持氏が古写真のアーカイブを始めるとの総会で発表をされた時、「私のところの古写真なら協力してもよいですよ」と思わず言っていってまったことから、付き合いが始まりました。最初に拙宅を訪問された時、靴を玄関に逆向きに揃えて上がったことから、妻が「さすが東大の人は躾がしっかりされている」と呟いたのが印象的でした。明治天皇肖像写真については『歴史読本3月号　古写真集成明治人の肖像』（平成21年、新人物往来社発行）でさわりの部分を執筆されていますが、本書ではもっと資料を揃えて調査結果が発表されます。

土方愛氏はやはり若手の団員です。新撰組副長土方歳三の兄である隼人喜六から数えて六代目のご子孫になるそうです。現在生家の跡地に立つ土方歳三資料館の副館長で、土方美人三姉妹の三女です。

精力的に京都、仙台、函館と歳三の足跡を訪ね、平成17年に『子孫が語る土方歳三』（新人物往来社発行）を出版されました。昭和46年生まれの「四十六年会」で新撰組のことなどの会報を発行されています。幕末史の研究者と交流もあり、古写真に魅力を感じ始めているそうです。この度は土方の肖像写真の調査結果を発表します。

森重和雄氏は某会社に勤務されているのですが、休日になるとビジネスを離れて古写真探偵に様変わりします。東に古写真の所蔵者があれば行って見せてもらい、西に写真師の墓があれば探し出して「うーん」と頷きます。探偵の素質十分です。本書では近藤勇肖像写真の調査結果を報告します。古写真や歴史資料のコレクターでもあり、証拠固めも得意の分野です。未知の人のところにも平気で尋ねて行き、すぐ仲良くなれるという特技も持ち合わせています。渋谷氏や土方氏は森重氏が口説いて今回古写真探偵団の団員になった方です。

最後に私は古写真を収集し、古写真の宣伝部長を自認しているものです。多くの方に古写真の面白さを知っていただきたいと思っています。歴史は全くの苦手で素人ながら、１９９６年に『幕末明治のおもしろ写真』（平凡社発行）を出版しました。古写真から面白さを読み取れないかと意図した初めての本でした。仮説や推測で書いたところも多く、いまになると間違いもかなりあって赤面の至りですが、面白いと言っていただいた読者も多く、まだ販売を続けています。本書では写真の無い西郷隆盛の写真について解説を依頼されました。

あのアインシュタインが科学について「想像力は知識よりも重要である」という意味のことを述べています。無知な私にとっては好きな言葉です。古写真の調査も、知識より、間違っても良いから想像することや仮説をたてることが必要であると思うのです。

読者の皆さま、本書にも間違いがあるかもしれません。でもその点は大目に見ていただき、「古写真を読み解くことは面白いな」と思っていただければ幸いです。そう思っていただくことを願って本書を出版します。

石黒敬章

英傑たちの肖像写真

——幕末明治の真実——

目次

まえがき　石黒敬章　1

坂本龍馬の写真　渋谷雅之　11

はじめに　11

一　坂本龍馬立像写真　12

二　刀を差した座像写真　37

三　もう一枚の刀を差した座像写真　42

四　丸腰の座像写真　48

五　亀山社中の仲間とともに　55

六　菊の写真　60

七　伊藤九三とともに　66

八　勝海舟とともに　68

おわりに　72

註　74

化物と西郷の写真無し　石黒敬章　77
一　描かれた西郷とその複写　77
二　永山西郷　83
三　スイカ西郷　87
四　フルベッキ写真の中の西郷　96
五　それでも現れる西郷写真　103
六　上野の西郷銅像　105
七　ひときわ目立った西郷　106
註　107

明治天皇写真秘録　倉持　基　111
はじめに　111
一　隠し撮られた天皇写真　112
二　岩倉使節団と天皇写真　113
三　明治天皇の写真師　115
四　内田九一の「御真影」　119

五　キヨッソーネの「御真影」　124
六　「御真影」後の天皇像　127
七　崩御後の天皇像　132
参考文献　134

歳三の写真　土方　愛　137
はじめに　137
一　半身像写真について　138
二　全身像写真について　151
三　全身像写真伝播のルーツ　156
四　全身像写真のGK台紙について　161
五　楕円写真について　168
六　ガラス湿板について　170
七　撮影者、撮影場所、撮影時期に関して　171
おわりに　188
参考文献　190

近藤勇の写真について　森重和雄　193
はじめに　193
一　近藤勇が両腕を下ろしているポーズの写真　194
二　近藤勇が両腕を組んでいるポーズの名刺判写真　199
三　その他の近藤勇の写真　205
四　京都の写真師・堀與兵衛撮影説　217
おわりに　236
註　236
参考文献　242
関連年表　255
あとがき　森重和雄　256

凡例

一．本文中の表記については各執筆者の意向を踏まえあえて統一を図らなかった。

一．本文中に掲載した写真・図版の内一部不鮮明なものがあること、並びに掲載できなかった写真が数点あることを記しておく。

坂本龍馬の写真

渋谷雅之

はじめに

坂本龍馬の写真については、これまで多くの方々によって断片的に取り上げられてきた。現在龍馬の写真が何種類残されていて、どれとどれとがそれに当たるのかということを知るには、それらの断片的な情報をつなぎ合わせるしかないのが実状である。

筆者が現在までに調べた限りでは、やや疑問符の付くものを含めて八種類の写真があり、これらの元となる原板や、原板から直接印画紙に焼き付けられたと思われるものも少数ながら確認されている。さらに、龍馬の写真と言われながら別人の写真であることが明らかなものが数枚存在する。それらには、解明されていない多くの謎があり、しかも情報が極めて錯綜している。

そのようなことはともかく、この時代にこれだけの写真を残した人物は、それほど多くない。九種目の発見はほとんど期待できないが、鶏卵紙印画写真は、今後まだ発見されるであろう。これらの中で、筆者が所蔵するものは一枚もない。したがって、各地の所蔵者を訪ね、一枚一枚見せていただくという、長い行程が必要であった。

一　坂本龍馬立像写真①

（一）立像写真の発見

龍馬の写真には、それぞれ謎が多い。桂浜の銅像（昭和三年建設）の原型とされる、かの有名な立像写真（写真〔①・１〕）もその中の一枚である。この有名な写真は、慶応二年正月から同三年六月まで探索方として土佐藩から長崎に派遣された井上俊三という人物によって撮影されたものである。ただし、一般的には上野彦馬の作品だということが、どの本にも書いてある。

井上俊三（当時三十八歳前後）は、御持筒（鉄砲により藩主の近辺を警備する下級武士）であった溝渕廣之丞、および足軽・礼之助（舎密学に通じていた）とともに慶応元年暮れに土佐を出立したが、その公的な用務は、廣之丞の年譜から「舎密学修業」であったことがわかっている。俊三は緒方洪庵の義弟・郁蔵の「独笑軒塾」で学んだ井上淡蔵の子とされている。このことは、最初に俊三と龍馬の

写真の関係について著述された松岡司氏が明らかにされた。[註1]

俊三が寄宿した上野彦馬邸には、同じ土佐の田井修徳（谷干城の異母弟）の他に、阿波藩から派遣されて化学を学んでいた長井長義（後、日本薬学会会頭）がいた。長井が書いた日記により、井上の長崎における活動や生活ぶりを知ることができる。[註2]また、長井、井上、田井の写真は江崎アルバムに多数掲載されている。[註3]

長井長義の父は阿波藩の御典医だったが、長井自身は早くから舎密学（化学）に興味を持っていた。長崎留学を終えて阿波藩に仕えていた関寛斎から上野彦馬宛の紹介状を得て長崎にやって来たのは、最先端化学の教育者という上野彦馬に対する認識があったからである。井上俊三が上野彦馬の門人となったのも、同じ理由によるだろう。俊三は上野邸で写真術に没頭した。

慶応二年夏から長崎の土佐商会を指導した後藤象二郎は、井上俊三に対して藩費を投資する。おそらく情報源としての写真術に着目したことによるであろう。後藤象二郎は蒸気船買い付け等の際の顧問として、幕府から中浜万次郎を呼び寄せていた。万次郎の従者であった池道之助の日記[註4]に次のようにある。

慶応二年九月二十九日

天気今朝森田幾七殿と両人上ェ野へ写真ニ行右道具一切三百両ニ御国へ御賣（買カ）上ケニ相成り伊之上氏に稽古為致候ニ付銭不入写し候九ツ半比ニ帰ル

慶応二年十二月二十日
伊ノ上養春来ル写真稽古入費算用来りシラべかた致し遣し表へ出ス

「伊之上氏」、「伊ノ上養春」とあるのは、いずれも井上俊三のことである。

この記録からわかることは、写真の道具一切を三百両（現代の千二百万円程度）で土佐藩が買い上げ、井上に稽古をさせていたので、土佐の人々は無料で撮ってもらっていたこと、また、写真用の雑費（薬品、硝子板など）を、土佐藩が随時俊三に支給していたこと、などである。以上から、俊三は彦馬から写真技術を習得し、写場を借用した他は写真撮影に関して彦馬に依存していなかった実態が浮かび上がる。おそらく井上俊三は「上野写真館への土佐藩派遣写真師」のような存在ではなかっただろうか。井上俊三は慶応三年六月九日、坂本龍馬、後藤象二郎らとともに土佐藩船「夕顔」に乗って長崎を去り、この船中で後に「船中八策」と呼ばれることになる新政府綱領が成立する、という展開になるのだが、その際、写真器材他一切を長崎から運び出す許可と、大坂で写真活動を行えるだけの経費支給を土佐藩から受けたことが、同じ池道之助日記よりわかる。写真は、大坂南地の守田来三《もりたらいぞう》写真館で撮影された井上俊三（井上二三雄氏所蔵）である。

　井上俊三が龍馬の立像写真を撮ったということについて傍証となる最も重要なものは、俊三の子孫が、「あの写真は、俊三が寝ている龍馬をたたき起こして上野写真館に連れてきて撮ったものだ」という口述を残している点である。俊三の子息はむろんご存命ではなく、ご令孫である井上二三雄氏（高知市在住）が、戦後亡くなった母、正《まさ》さんから聞いた伝えである。ちなみに井上俊三の土佐での住まいは龍馬の生家のすぐ近くであり、二人は幼なじみだったという。

　この写真の原板が発見されたのは昭和十二年以前に遡る。土佐史談会の第一人者だった武市佐市郎という人物がいる。井上俊三は明治四十年に七十八歳で亡くなっているが、武市佐市郎はこの時三十五歳前後であり、井上と武市に接点がある。その武市佐市郎により、井上家において原板が発見されたという記録は昭和十二年六月二十四日号の大阪朝日新聞（高知版）が最初とされている。新聞記事は、この年の七月に東京三越で写真文化展が開催され、この展覧会に写真原板が出展されるという予告記事である。続報によれば、原板写真の発見は二代目井上俊三（直喜）の時ということになっている。なお、高知版以外の当日の大阪朝日新聞にはこの記事は見えない。

　その後この写真原板は、しばらく武市佐市郎の自宅に眠っていたのだが、昭和五十七年十二月三日に武市佐市郎のご子息で、神奈川県に住んでいた祐吉氏が高知県に寄贈して再び日の目を見ることになる。写真は高知県立文化会館（現・高知県立文学館）の所管となり、現在は、その後創設された高

大阪朝日新聞　昭和十二年六月二十四日（木曜日）

大阪朝日 高知版

俊傑・坂本龍馬の肖像に纏る秘話

東京三越の〝寫眞文化展〟に

土佐史談會の 武市佐市郎翁が出品

昭和 12 年 6 月 24 日
大阪朝日新聞（高知版）

高知新聞　昭和57年12月4日（土曜日）

貴重な原板見つかる

竜馬、容堂、象二郎の写真

武市さん（川崎市）県に寄贈

昭和 57 年 12 月 4 日　高知新聞

知県立歴史民俗資料館に所蔵されている。

写真の寄贈後、武市祐吉氏が土佐史談に寄せた一文（註5）によれば、祐吉氏の父・佐市郎が、「坂本龍馬先生影像原版、慶応二年撮影、武市建山珍蔵」と墨書して大切に保存していたものだという。

(二) 原板の特徴

桂浜の坂本龍馬記念館にガラス原板の精巧な複製品が展示されている。これを更に複写させていただいたのが写真〔①・1〕である。現存する龍馬の写真の中でも、この写真の原板は極めて精度の高いものであり、多くの情報が記録されている。しかし、一般に出回っているものは劣悪な状態のものが多く、日本人好みの龍馬像が複写の際の修整によって人工的に作られてきた。

写真の撮影時期については定説がない。長井長義の日記に龍馬の写真撮影のことが記録されていないことなど、多くの状況証拠から慶応二年後半の撮影と考えられるが、諸説がある。このことは後で少し触れる。

この写真には一見して通常の上野彦馬の写真には見られない変わった点が目につく。左の直射光のような光といい、画像全体が傾斜している点といい、かなり荒っぽい感じであり、総じて上野彦馬の作品とは、随分違った印象を受ける。上野彦馬がこのような写真を撮ったとは、筆者にはとても思えないのだが、写真の精度そのものは極めて高く、現代の素人写真と比べても遜色のないほどである。

この写真の知名度にもかかわらず、長期間その研究が行われなかったが、平成十五年に東京都写真美術館に運ばれ、科学的な調査が行われた。その結果が山口孝子氏（東京都写真美術館保存科学専門

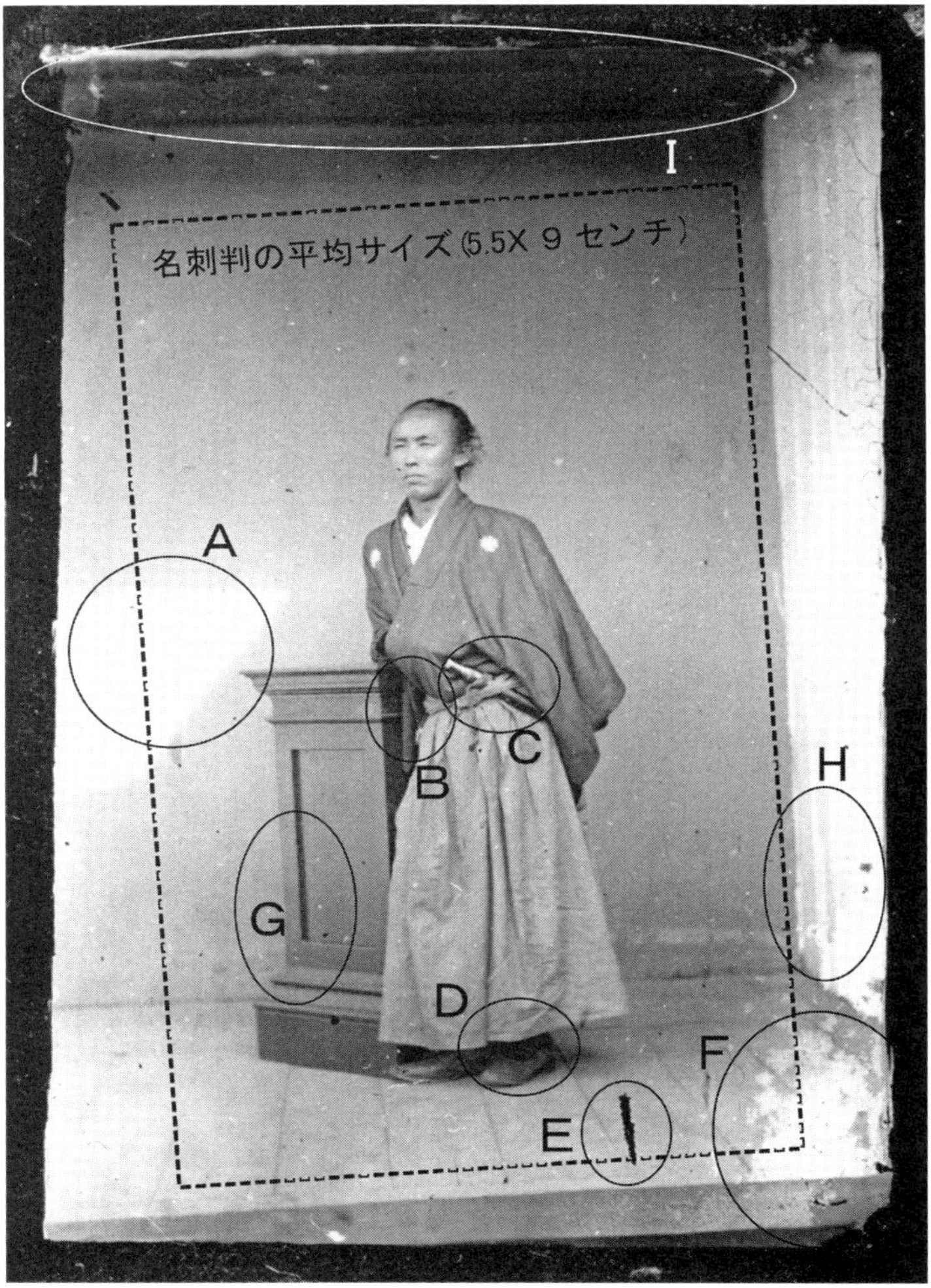

①・1

員）と三井圭司氏（同館専門調査員）によって報告されている。（註6）

基本的に湿板写真の影像はネガ画像だが、これを印画紙に焼き付けるためには、原板そのものを適正な濃度域を持つように仕上げる必要がある。透過濃度の測定により、この写真はそのような「種板」としての用途にたえるものであることがわかった。ちなみに、当時の印画紙は「鶏卵紙」と呼ばれるもので、食塩や卵白から作った溶液を紙に塗り、乾燥後硝酸銀水溶液に浸して作った。これにネガを密着して太陽光にあて、チオ硫酸ナトリウム（ハイポ）溶液で定着する。これを、「アルビューメン・プリント」などという、妙ちきりんな名で呼ぶことがある。アルビューメンは卵白に由来するタンパク質（albumin）を語源としているのだと思うが、筆者は日本人なので、鶏卵紙と呼ぶ。以下、特徴的な点を取りまとめておきたい。

◇物理的特徴◇

科学的調査により、ガラス部分のサイズは89×119㎜と確定した（左側天地は一ミリ短い）。昭和五十七年にこの写真が高知県に寄贈されて以来、88×118㎜とされていたサイズが、撮影後百三十七年ぶりに確定し、物理的な調査が行われたことは感慨深く、素直に喜びたい。

湿板写真のガラス原板には焼き付け用の種板以外に、それ自体完成写真としての用途がある。黒い布などの上に置くと白黒逆転して陽画にみえるので、膜面（影像が定着している面）に黒い樹脂や漆などの塗料を塗り、恒久的な陽画にすることがあった。この場合は基本的に接写以外の複製は出来なくなる。一方、ガラス面の方に塗料を塗った例があり、中浜万次郎が妻・鉄を写した写真や、堀江鍬次郎が藤堂藩上屋敷で撮影した薬ビンを前にした上野彦馬の写真がそれにあたるという。この場合は左右逆転した像を見ることになるので、着物の袷を逆にして撮影したものと考えられている。ちなみに、銀板写真の時代には常にこのような問題があった。

龍馬の写真の場合には膜面に透明なニスが塗布されており、焼き付けが可能である。透明ニスを塗る目的は膜面保護のほか、加筆を可能にする目的もあった。実際龍馬の写真には二箇所に加筆・修整の跡があるというが、見た目にはまったくわからない。ただし、手にとって見せていただけるような代物ではないので、資料館の硝子越しに見ての話である。

ガラス原板のサイズは必然的に焼き付け用の鶏卵紙のサイズより大きい必要があり、そうであればトリミングが可能になる。一般的な印画紙は、名刺サイズと呼ばれるものである。むろん厳密な規格はなかったので、現存している鶏卵紙焼き付け写真のサイズはまちまちなのだが、おおよそ現代の名刺の大きさである。平均5・5×9㎝程度であり、これを6×10㎝程度の台紙に貼って体裁を整えたものが一般的である。写真〔①・1〕は、その名刺判の鶏卵紙に焼き付けることを想定し、トリミングにより適度の大きさになるように配慮してアングルを決めたものと考えて、ほぼ間違いないと考えられる。このことは後で述べるように、写真〔①・2〕からも裏付けられる。なお、この写真の写っている範囲は、ガラス板のサイズより狭い。四辺の末端が削り落とされているからである。そのためポジ版ではこの部分が黒く見える。

幕末当時の撮影目的の一つに、実際名刺としての用途があった。他人に自分を通ずるためには写真は最もリアルである。当時写真は貴重品であり、その大きさにより急激に高価になった。経済性と需要に見合うサイズが、現代の名刺の大きさに落ち着くのだが、それでも現代の一～二万円というのが一枚の相場だった。まことに贅沢な名刺である。それらしい古写真が大量に現存しており、坂本龍馬を写した作品にも、それらしいものがある（後述）。現代では名刺に自分の写真を印刷したものを見ることがあるが、歴史は繰り返す、といったところであろうか。

このガラス原板は厚さ２・５㎜の高品質ガラスである。当時このようなガラス板は、とんでもない貴重品であり、外国から輸入されていた。さらに丹念に磨いて表面を平らに仕上げた。この上に現像液を塗り、濡れている間に撮影するのだから、まさに究極の平面性と言っていい。

◇全体から受ける印象◇

この写真は、一見して周辺の異常さが目につくのだが、これらは、焼き付けの際に切り落とされることが最初から想定されていたと考えるのが自然だろう。それにしても、相当にあわただしい様子が感ぜられ、逼迫した状況での撮影だったことも想像される。

片肘をついて体を固定しているために、一見ゆったりした様子に見えるが、龍馬の表情は硬い。頭は後ろから首押さえで固定されているはずである。当時の露光時間は五〜十秒程度だったと考えられているので、最低限それくらいの仕掛けがないと、これほどシャープな映像を得ることは不可能である。この写真は井上俊三と坂本龍馬による共同作業の成果という目で眺めると、また違った側面が浮かび上がってくるだろう。瞬間を写す現代の写真と違って、数秒間のドラマチックな時間がこの時代の写真には詰まっているのである。

◇三角形の光（A）◇

この三角形の白い部分は技術的な撮影ミスか、太陽光か、そのあたりが考えられる。精密機械である現代のカメラと違って、当時の写真機は非常に単純であり、前者の可能性は低いだろう。科学的調査では、この部分の透過度が非常に高く、太陽光であることが示唆されている。もっとも、見ればわかるので、「透過度」などという説明は科学的な裏付けであるに過ぎない。

実際、太陽光だったら、と考えると、比較的説明しやすい。以下、その「だったら」を前提に述べる。そのためには、当時の撮影スタジオの構造から説明する必要がある。これ以前の銀板写真の時代は、強い太陽光が必要であり、肖像写真を撮るためのスタジオは、四方をガラス板などで覆われた温室のようなものだったらしい。湿板写真の時代になると、北向きの、コの字型のものになり、東西に光を採り入れるための木綿の布やガラス板が張られたスタジオがスタンダードなものとなった。カメラは北側の空間から南の壁を向いて撮ることになり、被写体は北を向くことになる。原板の感度が上がり、強い光を必要としなくなったため、北の弱い光がちょうどよくなったからである。ただし、直射日光は徹底的に遮断された。上野彦馬のスタジオ写真は、ほとんど例外なく真上から来る柔らかい光の下で撮られている。

そこで、この三角形の光のことである。この光は左方向から入っている。左方向ということは、東の方向から光が来ていることになり、時刻は午前中ということになる。このことは井上俊三の子孫の証言と矛盾しない。この光は、写場の隙間から入ったものか、明かり取りの布が一時的に外れたものか、だいたいそのあたりが推測できる。一方、斜め方向から光が入るという悪条件のために、通常開業されていなかった早朝の時刻を井上俊三が選んだというような可能性も考えられるが、あくまで推測である。いずれにせよ、確かなことは天国の井上俊三に聞くしかない。前述のように、トリミングを考えて構わずに撮ったのか、やむを得ず撮ったのかについても同様である。

ところで、この写真と類似の光線（カ）の写った写真二枚が長崎大学附属図書館経済学部分館に所蔵されていることがわかった。「写真集2　幕末明治期長崎来訪人物写真集」というアルバムに収載されている〔光1〕と〔光2〕である。〔光1〕は背面壁の下部に〔①・1〕と同様の修理跡が見えるので、同じ時期の撮影であることがわかる。やや不鮮明だが、〔①・1〕の場合と同じくらいの位置に、類似の三角形の光が見える。〔光2〕は松田雅典（右から四人目）と済美館の学生が写った写真で、最近長崎大学・姫野順一教授の著書（註7）で発表された。こちらはこの時期に特徴的な小棚の上に

光１

光２

〔①・1〕の場合より少しシャープな光が入っている。白い背景板が光を遮るように置かれているように見える。これらの写真により、この三角形の白い部分が、太陽光である可能性がより高まったと言っていいであろう。

◇ホイッスル（のようなもの）（B）◇

慶応二年以降に撮られた龍馬の写真には左手の指を意識的に隠しているように見えるものばかりである。慶応二年一月二十四日の寺田屋遭難事件で幕吏に指の腱を切られ、左手人差し指が不自由になったためとされている。この写真①では両手とも隠れている。

この写真の龍馬が右手に何を持っていたかについては古来諸説があり、すこぶる楽しい議論が行われてきた。曰く、ピストルを持っていた、曰く、万国公法を持っていた、曰く、ふんどしの紐をおさえていた、曰く、腹を掻いていた、といった具合である。これらの議論に関して、小美濃清明氏による説が発表されている（平成十三年四月二日、高知新聞）。懐からぶら下がった紐の先に、ホイッスルのようなものがついており、おそらく龍馬の右手は紐の先を持っていた、というものである。「ホイッスルのようなもの」が本当に「ホイッスル」なのかについては詳細な検討が必要である。確かにそのような形をしてはいるのだが、陸上でホイッスルはやや不自然である。自然さと言う点では懐中時計か何かの方がピッタリ来る。実際、この「ホイッスルのようなもの」が、懐中時計のネジを巻くキーらしいという説が、小美濃清明氏のその後のご考察として発表された（平成十六年十二月十三日、高知新聞）。一方、懐中時計のねじ巻きは、ごく小さい物であり、やはりホイッスルであろうという説が前田秀徳氏によって提案されている。(註8) この点については、東京都写真美術館では検討されなかったらしい。どうも科学者は遊び心がなくて、いけない。ただし、筆者も科学者のはしくれなので、あまり悪口は言えない。

◇短刀（C）◇

短刀の差し方が一般的な流儀と異なることについて、小美濃清明氏によって指摘されており、その理由についても提案されている。(註9) 短刀を帯に差せば下半分は見えなくなる。この写真の龍馬は短刀を帯ではなく袴の紐に差しているため、前から全体が見えるのである。つまり、短刀を見せるための演出だというのである。この短刀は、「楠木正成合口拵に模した短刀合口拵」を特別に誂えたものとされているが、筆者には、むろん良くわからない。ともあれ、ホイッスルのようなものの付いた紐を垂らしたり、足を寄り合わせたりと、かなりのパフォーマンスを感じさせるのは事実である。

◇ブーツの周辺（D）◇

この部分を拡大すると、靴の上に何か黒いものがのぞいていることがわかる。筆者は長い間この黒いものに悩まされた。袴の影だとすればなんのことはないのだが、写真全体の影の出方の比較から、そうではあり得ないことが明瞭である。この黒いものは、後述の座像写真②では、さらにくっきりと大きく写っている。龍馬が身だしなみに無頓着だったことを考え合わせ、現時点では、着物の裾がのぞいているのではないかと推測している。この推理が正しければ、龍馬の身長が正確に割り出せるかもしれない。ただし、京都国立博物館に現存している、龍馬のものとされている衣類は、それほど長いものではないようなので、これが着物の裾ではない可能性もある。その場合は迷宮入りとなる。

ところでブーツのことである。「龍馬はブーツを履いて歩いてなどいなかった」と言えば、読者はひっくり返るだろう。であるから、筆者はそんなことは言わない。ただし、龍馬がブーツを愛用していたという定説の根拠は、この写真の他は何一つ無いのである。この当時の写真館には、撮影用の小物が備えてあった。たばこ盆、キセル、琴、などが典型的なものだが、他にピストルなどもあった。人物を「ハイカラ」に見せるためであり、おそらくブーツもその一つだったであろう。上野写真館で撮られた写真に、この写真とよく似たブーツを履いた人物を撮ったものは多い。恐ろしい龍馬ファン諸氏の反撃を避けるため、話はこのあたりで止めておきたい。

◇ひっかき傷（らしいもの）（Ｅ）◇

この傷はガラス原板に付いているもので、約０・２×１㎝という計測結果が出ている。この傷が後述の写真〔①・２〕と〔①・３〕に見られないことに注意しておく必要がある。このように、物理的にできたと考えられる傷跡や、硝酸銀の粒子から生成したと思われる流れ跡が数カ所に認められるが、それらが重要な部分に比較的少ないのは幸運なことである。

◇ペンキのぶちまけ（のようなもの）（Ｆ）◇

この異様な白いものを、長い間筆者は原板に生えたカビだと思っていた。その後、床板の手前側面右端の部分に、この白いものがついていないことや、床の角を境にして、くっきりした境界があることから、白い液体が側面をつたい落ちた跡ではないかと思うようになった。この部分だけを避けてカビが生えることはあり得ないと考えたからである。この白いものを、右手の壁（Ｈ）を塗ったペンキをこぼしたものとすれば、可能性の一つに挙げることは出来る。

この白いものの正体については、長崎大学環境科学部の姫野順一先生よりご意見をいただいた。先生のお考えは、湿板写真を作るときに、コロジオン液で処理した際の斑痕ではないかというものである。この説は説得力があり、この斑点が床面から少し浮いたように見える事など、筆者が以前から気になっていた点と矛盾しない。本書ではお目に入れる事は出来ないが、カラーのネガ写真を見ると、右下隅に茶褐色の指紋があり、同じ色の汚れが問題の斑点の方向に続いている。何らかの液体の付着による汚れと考えられ、この汚れがポジ写真では反転して白い斑痕に見えると考えられなくはない。ただし、床板手前側面の右側にこの斑点がついていない点は、やはり奇妙である。

一方、この写真原板から印画されたと思われる写真〔①・2A〕や、同日に撮られたと考えられる座像写真②（いずれも後述）には、その痕跡が認められない。このことから、この斑点は後年ガラス原板に付着したものと結論することが出来るのではないかと考えている。ただし、右下隅の境界線のことは依然として未解決である。――それにしても、人騒がせな斑点である。

◇黒い台（G）◇

白ペンキと言えば、龍馬が肘をついている黒い台が他の上野彦馬の作品にはほとんど見られず、もっぱら同じ形の白い台ばかりという不思議な事実はいまだに解明されていない。この台は茶色その他の色が付いているかもしれないのだが、それを調べる術はないので、「黒い台」と表現する。

上野彦馬の作品中、同型の白い台が写った写真は多数存在する。撮影時期は慶応元年から慶応二年にかけてと思われるものが多く、そのことを確証できるものも何枚かある。一方、黒い台の方は、坂本龍馬（本章）、後藤象二郎、渡辺剛八（海援隊士）を写したものに登場するが、他に三例があることを、慶應義塾大学の高橋信一先生から教えていただいた。高橋先生は、龍馬の写真が撮られた写場以外に、複数の写場があり、それらと黒い台との間に関係があったことについて考察しておられる。私信によれば、この問題に関してさらに深く考察しておられるようなので、それらの成果が発表されるのを待ちたい。

白い台については、慶応二年～三年頃のある時期に黒く塗りかえられたことが可能性の一つとして推測される。このことについては、逆に黒い台が白く塗りかえられた可能性についての、上野一郎先生の優れた論文(註3)がある。これは黒い台が龍馬のもの一枚しか知られていなかった時代のご研究であり、その後の知見を元に再考を要するのは勿論である。

ペンキ塗りかえの可能性以外に、白黒二種類の台が存在したという可能性がある。そもそも二台ペアの台があって、上野彦馬の好みが白い方だっただけのことであり、井上俊三は、あまり使われていなかった黒い台を引っ張り出して利用した、という推測である。黒い台が写った写真が少なくとも六例も存在することを考え合わせると、こちらの方が筆者にはしっくりする。

前に記した、龍馬、後藤、渡辺の三人が土佐関係者であることから、これらの撮影者がいずれも井上俊三であり、黒い台が井上の好みだったという推測となるのだが、その場合、撮影時期については、慶応二年後半から慶応三年前半までであることが三人の行動範囲から見て想像される。いずれにせよ、この問題に関して直接的な因果関係があるかどうかはわからない。

一方、「そんなこと、どうでもいいじゃないか」という説もある。ごもっとも千万である。ともあれ、この章全体が歴史を変えるような話ではなく、やや重箱の隅をつつくような話である。そのことを念頭にお楽しみいただきたい。重箱の隅から、時々お宝が出たりする。

◇白壁（H）◇

この白壁は、被写体にまんべんなく柔らかい光を当てるための反射板の役割を持っていたと考えている。一般的には写真に写るのはまずいものであり、従ってこの白壁が写っている写真はそれほど多くない。この白壁を、明かり取りの磨りガラスではないか、と考えたこともあったが、当時の技術では、これほど大きなものは不可能である。結論として、板壁をペンキで塗ったものと考えるのが最も自然だろう。拡大写真を良く見ると、板きれを継ぎ合わせたような部分が写っている。ただし、コピーなので、やや不鮮明である。原板を調べれば、はっきり見えるはずである。

蛇足ながら、この時代の白色ペンキは、鉛白などの顔料を油で練ってペースト状にし、実際に使うときには油で薄めた。長崎出島のオランダ屋敷では、十八世紀中頃、すでにペイント塗装が行われていたということなので、幕末当時の長崎ではかなりポピュラーに使われていたと考えられる。

◇天井（I）◇

上野彦馬の写場の天井が写っている写真は、筆者が知る限りではこれしかない。その上の白い横線は、短い天井に続く木綿の布なのか、あるいは、原板の上に元々存在した露光していない部分なのか、判定しがたい。

（三）①のポジ写真

そこで、この原板から焼かれたポジ画像が現存するかどうかである。湿板の原板から印画する方法は前述のように、鶏卵紙という、卵白と硝酸銀を用いて作った印画紙に原板を密着して太陽光に当てる方法による。そこでポジのほうは複数残されて不思議はないのだが、長期間そのオリジナル・ポジ写真は発見されなかった。原板が残っているのだから、現時点で鶏卵紙を作って焼き付ければ、「鶏卵紙印画写真」を作るのは造作もないが、むろんここでは、幕末から明治初期にかけて制作されたポジ写真のことを言っている。

——と、こんなことを書きながら、ふと思ったのだが、現代技術で鶏卵紙を作り、この原板を使ってポジ写真を作成して公開する、といった試みは、かなり有意義ではないだろうか。——こんなことを書くと、「こんな文化財を太陽光にあてるなんて……」と、関係者の顔が引きつるのが目に見えるようである。とは言っても、湿板写真の原板は、もともとそのような用途で作られたものであり、材質はガラスと金属銀なので、けっこうタフなものではなかろうか。学芸員氏の勇気ある決断に期待したい。

①・2A

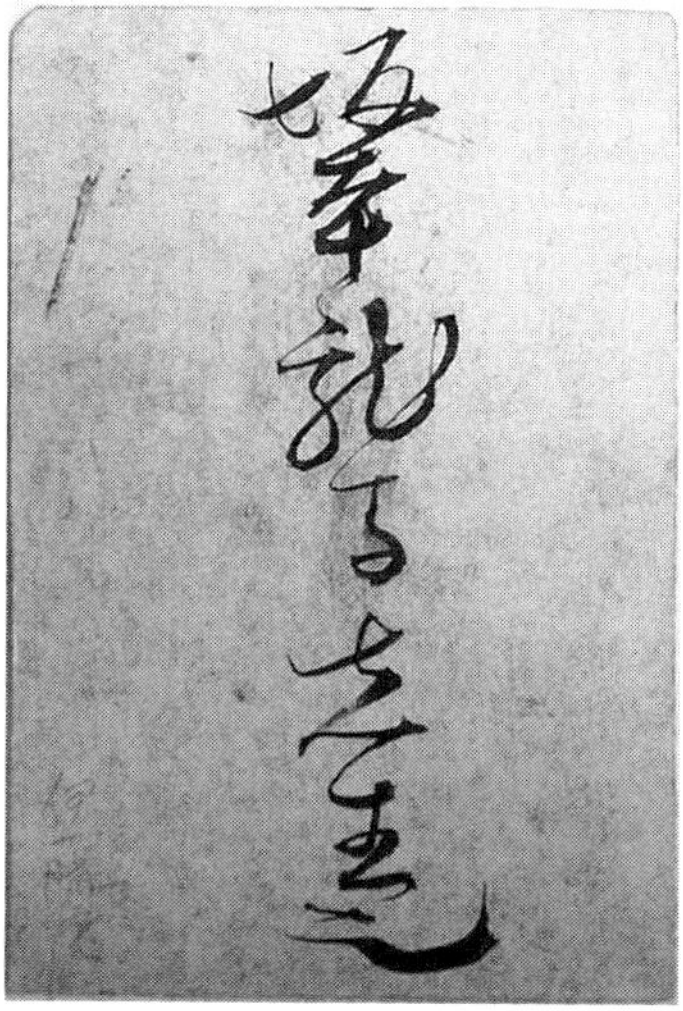

筆者は最近、鶏卵紙に焼かれたオリジナルプリントではないかと思われる写真に出会った。写真〔①・2A〕がそれである。この写真は従来伊藤盛吉氏所蔵と記録されて書物に掲載されてきたものである。そのサイズが発表されなかったため、今日までオリジナル版であるかどうかが、はっきりしなかった。筆者は伊藤盛吉氏のご子息で、伊藤九三（助太夫）から五代目にあたる伊藤根光《もとみつ》氏を東京のご自宅にお訪ねし、この写真を見せていただき、長年の謎を解くことができた。この写真は厚手の台紙に貼られた通常の型式であり、裏面には「坂本龍馬先生也」と墨書され、鉛筆で「伊藤家」と書かれている。写真は鶏卵紙と見受けられた。サイズは55×88㎜（右側天地は1㎜短い）で、台紙は61×98㎜である。

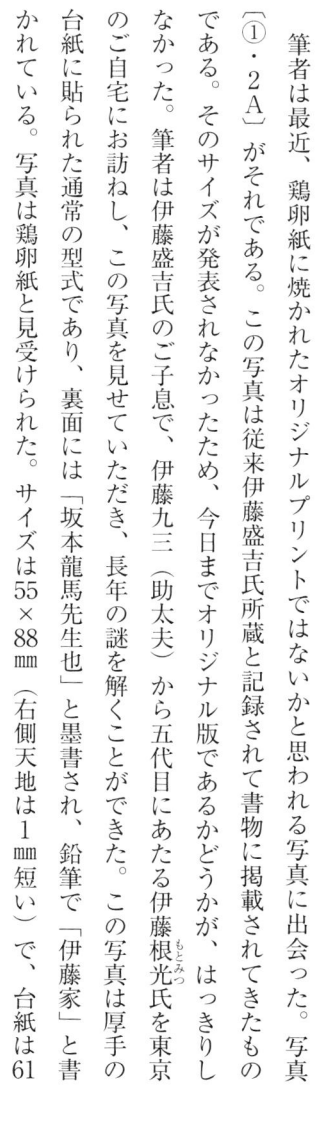

前述のように、ガラス原板〔①・1〕のサイズがわかっているので、筆者はその実物大プリントを作成して持参し、〔①・2A〕と比較したところ、両者の像の大きさが目視的に同じであることを確認した。〔①・1〕の原板と〔①・2A〕を直接比較する事ができれば、このことがさらに精密に確認できるはずである。前述のように、紙焼き版を作成するにはガラス原板を印画紙に密着して太陽光にあてる方法しかなかったので、両者の像の大きさが同じであれば、〔①・2A〕は、〔①・1〕から直接作成されたものである可能性が極めて高くなるのである。仮に科学的にこのことが確認されると、ガラス原板とオリジナル陽画が揃った唯一の龍馬写真ということになり、文化財としての価値は一挙に高まると考えられる。

①・2B

伊藤根光氏は、もう一枚、〔①・2A〕によく似た写真〔①・2B〕を所蔵しておられる。こちらは「下之関　白石写真館」と印字された台紙に貼られている。写真部分のサイズは56×87㎜である。この写真の像は〔①・2A〕のそれより一回り大きいが、印画紙は通常の名刺判鶏卵紙のように見受けられた。そのため、当然背景部分が狭い。この写真は後述の⑦Bと対をなすものであり、明治中期以前に下関で〔①・2A〕から接写複製されたものではないかと考えている。〔①・2A〕と遜色ないほど鮮明だが、鶏卵紙印画写真特有の「しっとり感」とはやや違った「硬質感」が感ぜられた。これまで書物等で公表されてきたものは、この〔①・2B〕だったのではなかろうか。

写真〔①・2A〕、〔①・2B〕に共通しているのは、前述のひっかき傷（E）が該当の位置に写っていない点である。科学的調査では、この傷は原板が制作された早い時期にできたものではないかとされている。写真〔①・2A〕が鶏卵紙に焼き付けられたのは非常に早い時期、もしかすると撮影直後の可能性がある。そのことからすれば、ひっかき傷はないほうがむしろ自然である。

この写真のポジ影像は、このほかに多数知られているのだが、〔①・2A〕以外のオリジナル写真は現存しないのではないかと思われる。公表されているポジ写真の一例として、写真〔①・3〕を挙げておく。これは、東京都・飯野公敏氏から北海道・浦臼町郷土史料館に寄贈されたものとされているが、一見してオリジナルプリントではない。また、三角形の光を含め、著しく修整されている。同じ写真が長崎歴史文化博物館に所蔵されており、こちらは昭和十九年に長崎市立博物館に寄贈されたもので、札幌市下野写真館で複製されたものだという。これらの写真が浦臼と長崎に残された経緯に関するその他の詳細はわからない。一方、〔①・4〕は石黒敬章氏所蔵のもので、石黒氏の父君・敬七氏が東京龍馬会より入手したものという。龍馬の像は〔①・1〕より一回り大きく、トリミングが

〈①・2A〉にほぼ等しいことから、オリジナル鶏卵紙版を現代技術により接写複製したものではなかろうか。

その他、所蔵者が記録されている写真としては、瑞山会員所蔵とされているもの（維新土佐勤王史・瑞山会編）や、前述の科学的調査の際に比較のために使われた写真（小沢健志所蔵、「太陽」二十六巻七号）、さらには「坂本龍馬写真集[註10]（宮地佐一郎）」に掲載されたもの（飯田吉雄所蔵）などがあるが、オリジナル写真と思しきものは見あたらない。なお、「坂本龍馬写真集」の外箱に、〈①・2A〉と見えるカラー写真が印刷されているが、解説がなく、真相はわからない。

①・3

①・4

①・画１

①・画２

ところで、この写真は明治後期頃より絵葉書として頻繁に登場するようになる。そのソースは井上俊三（二代目）が所蔵していた原板であった可能性の他に、当時紙焼き版が複数知られていた可能性もあり、それらが今後発見されることが期待される。

（四）写真①を元にした絵画

この写真は高知市桂浜の銅像のモデルとされたほか、絵画のモデルとしても使われた。

〔①・画１〕は、高知市立第四小学校の校長室に飾られているもので、楠永直枝作の色彩油絵である。昭和八年頃から校長室にあったということなので、銅像の制作と近い時期に制作されたものではなかろうか。楠永直枝は万延元年の生まれで、明治十四年に東京に出て「東京画学専門彰技堂」に入塾した。この画塾は、国澤新九郎（後述）が開設したものだが、すでに国澤は死去した後であった。その後、高知尋常中学校（現・追手前高校）で長く教職を勤めた。

もう一枚、浦臼小学校に所蔵されているもの〔①・画2〕がある。こちらも色彩油絵であり、上半身像ながら、この写真の特徴をとらえたものである。この絵画は坂本直（高松太郎）の妻・留から浦臼小学校に寄贈されたもので、林竹次郎の作である。坂本直は龍馬の遺跡養子であり、その妻・留は直の死後、直の弟・直寛の住む北海道樺戸郡浦臼村（現・浦臼町）に移り住み、大正四年、この地で没した。これら二枚の絵画が、いずれも高知と北海道の小学校に所蔵され、子供たちを見守っているのは感慨深い。

二　刀を差した座像写真②

写真〔②・1〕は、①ほど有名ではないが、高知のみやげ物店でよく見かけるものである。槍の名手で、龍馬と共に寺田屋で戦ったことで有名な三吉慎蔵のご子孫が所蔵しておられる。長野県在住の三吉敏蔵氏から三吉治敬氏に引き継がれて現在に至っているものである。裏面の文字は三吉慎蔵の筆

②・1

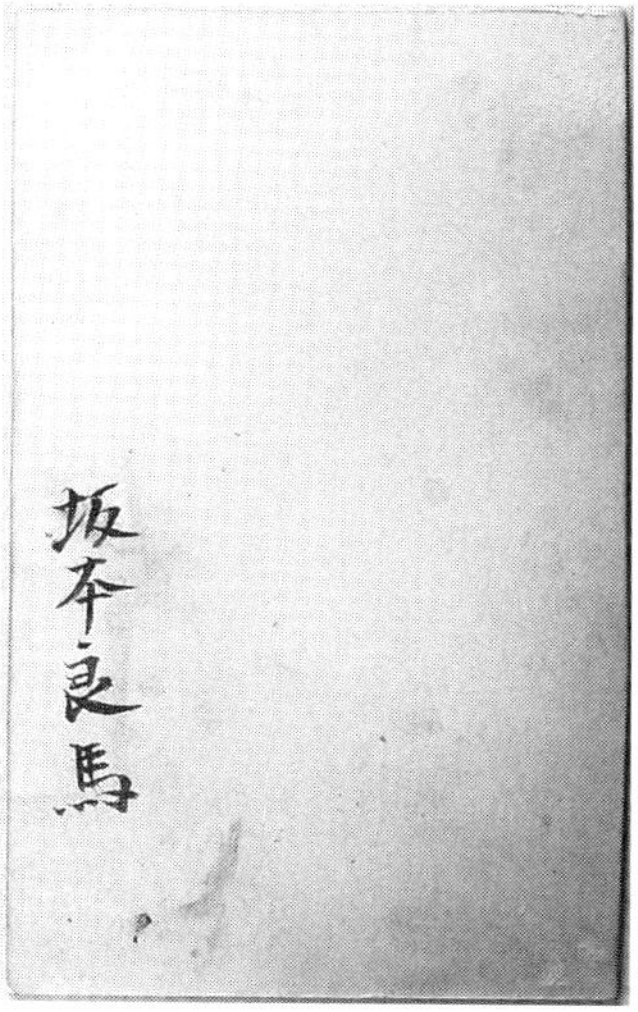

によると考えられている。上田市に三吉治敬氏をお訪ねし、この写真を拝見した。やや褪色が進んでいるものの、非常に良く保存されている。名刺判の鶏卵紙に焼かれたもと見受けられるが、写真、台紙とも不規則な長方形であるため少し細かく記録しておきたい（括弧内は台紙寸法）。上：55（58）㎜、下：56（59）㎜、左：87（１０２）㎜、右：87（１００）㎜。良く撮られた写真だが、鶏卵紙印画写真でありながら、右手に前述の反射板らしいものが大きく写っているという異常さがある。これは、写真①に写っている三角形の光と関係していると考えている。

　この写真の左端には、上野彦馬の同時期の写真によく登場する白い背景板が写っている。ただし、その右端が少しのぞいているだけである。この板が背景として使われず、ちょっぴり顔をのぞかせているという構図は上野彦馬の作品によく見られる。それがどのような芸術的意味を持っているのか、筆者にはわからない。この背景板は左からの直接光をさえぎるために置かれたようにも見えるが、光の位置はこれより上である。ただし、①の撮影の後、少し時間がたてば太陽は上に昇り、その結果光は下に移動するはずなので、そうでないとも言い切れない。すでに述べた写真〔光2〕の例に見られるように、むしろ一般的に、この白い背景板が、そのような使い方をされた可能性はあるかもしれない。

この時期の上野彦馬のスタジオは粗末なもので、床は板張りである。奥の部分と手前の部分は寸法の違う板で接ぎ合わされているが、手前の部分で勘定すると、合計十一本の縦の継ぎ目があることが、他の多くの写真からわかる。写真①、②で、カメラは右から六本目の継ぎ目の延長線上にその中心がある。つまり、二つの写真でカメラの位置は両方とも同じ南北の延長線上にあることになる。ちなみに、右から六本目の継ぎ目は、このスタジオのほぼ中央の位置にあたる。

そのようなことを確認し、写真②のサイズを実寸に固定したうえで、コンピューターを使って、実寸大の写真〔①・1〕に重ねてみると、床の部分の奥行きや継ぎ目がピタリと一致することがわかる。このことは、写真〔①・1〕と②を撮影したカメラの位置が同じであることを意味する。以上は次項の写真③とも関連するので記憶しておいていただきたい。こんな手の込んだ比較をしなければならないのは、原板との直接比較が不可能だからである。

コンピューターを使って……というのは、デジタル的にコピーして拡大したり、重ねてみたり、といった程度のことである。筆者のようなオジサンにとっては、けっこう高度な技術なのだが、近頃は小学生でもこの程度のことはやるらしい。

以上のことから次のことが推測される。

写真〔②・1〕は、写真〔①・1〕と同等の大きさのガラス原板からトリミングされて鶏卵紙に焼かれた可能性が高い。写真〔①・1〕に見られる三角形の光は、写真②ではトリミングによってギリギリ切り落とされる位置にある。写真②の龍馬の左足は写真〔①・1〕と同じ、床板の右から四本目の継ぎ目の上にあるが、前後の位置は少し手前に寄っている。右手の反射板がトリミングでも切り落とせないほど大きく写るという、まずいアングルとなったのは、左からの光との関係で、右隅にカメラを向けざるを得なかった事情を感じさせる。

そのようなことから、写真①と②は、同じ時に撮られたものと推測され、このことは衣類の様子や髪の乱れ方などからも裏付けられる。

ところで、最近この写真と非常によく似た写真〔②・2〕が長崎で発見された。裏書きはない。この写真の所蔵者である長崎市の竹谷浩和氏は、幕末の長崎で日本茶の輸出を試みて成功した大浦慶の血縁にあたるご子孫である。(註11)平成二十二年の正月、長崎に竹谷氏をお訪ねし、この写真に接する機会を得た。写真は鶏卵紙と見受けられたが、やや焦点が甘くオリジナルではないという印象を持った。

②・2

この写真の特徴は、輪郭が三重になっている点である。それぞれの寸法を図に示す。ｅ・ｆが台紙であり、ｃ・ｄがその上に貼られた鶏卵紙、ａ・ｂが写真の写っている部分である。ａ・ｂとｃ・ｄとに挟まれた部分は何を意味するのだろうか。この写真の龍馬像は〔②・1〕のそれより一回り小さい。すでに述べたように、紙焼き版を作成するにはガラス原板を印画紙に密着して太陽光にあてる方法しかなかったので、像のサイズが異なり、〔②・1〕がオリジナルと仮定すれば、〔②・2〕が複製であることが確定する。そして複製の方法は、オリジナル鶏卵紙版をカメラで接写して湿板ガラス原板を新たに作り、これからさらに鶏卵紙に焼き付ける方法以外にはない。なによりもそのことを証明するのはａ・ｂとｃ・ｄとに挟まれた部分である。

これは、オリジナル鶏卵紙が貼られた台紙ではなかろうか。このような例は、高知県立歴史民俗資料館所蔵の山内容堂のガラス板写真にある。さらに、後述の龍馬の別の写真にも実例があるので記憶しておいていただきたい。そしてこのことは、この写真が商業目的や偽造目的等で複製されたものではないことを想像させる。それらの場合に、台紙の写った箇所を残す事は考えにくいからである。何か、大切な個人的目的で、この写真は複製されたという印象である。

もう一つの特徴は〔②・1〕と比較して、トリミングの範囲が広い点である。このことは、〔②・1〕とは別のオリジナル鶏卵紙版が、存在したことを意味する。この写真のガラス原板は、慶応三年六月九日に井上俊三が長崎から持ち出したはずなので、オリジナル写真は、おそらく上野彦馬のもとに残された鶏卵紙版だったのではなかろうか。

筆者はこの写真を眺めながら、亡き龍馬の面影を写した写真の複製を上野彦馬に依頼する大浦慶の姿を妄想したりして、ロマンティックな気分に浸ったのだった。

三　もう一枚の刀を差した座像写真③

写真②とよく似た写真③が古くから知られているが、オリジナル写真は発見されていない。写真〔③・1〕は「幕末明治文化變遷史」(註12)（昭和七年）という写真集に掲載されたものである。この写真を見る限りでは、極めて品質が悪く、どのような経緯でコピーされたものか良くわからない。龍馬の像が前屈みのように見えるのは、傾斜してトリミングされているためである。このことは、背景と床の境目が水平でないことからわかる。

写真〔③・2〕は、藤本尚則編著「青年坂本龍馬の偉業」(註13)（昭和三十二年）に掲載されたものである。解説では、「竜馬先生廿八歳の時　先輩武市半平太の旨を受けて長州の久坂玄瑞を訪うた際の写真」とされており、「山口県長府の尊攘堂に掲げてあるものを編者が複写したもの」とある。宮地佐一郎氏の写真集(註10)に同じ写真と思われるものが掲載されており、この解説の内容が踏襲されている。この解説にある長府尊攘堂は、現在では下関市立長府博物館となっているが、この写真は今は所蔵され

③・1

③・2

ていないようである。撮影時期や状況等に関する藤本尚則氏の解説は、どのような根拠によるものかはわからないが、真実でないことだけは確かである。

筆者が最初に書物でこの写真〔③・1〕を見たときには、②と同時に撮られたものでありながら②とは異なる写真だということを直感したのだが、あまりの粗雑さのために確信が持てないまま十年以上経過したのである。数年前に浦臼町郷土史料館のパンフレットで写真〔③・3〕と出合うことによって、ようやく疑問の一部が解けた。

写真〔③・3〕は残念ながら鶏卵紙ではなく、葉書に印刷されたものだが、北海道の浦臼町郷土史料館が所蔵している、まことに貴重なものである。龍馬が北海道開拓の夢を持っていたことは良く知られている。生前この夢を果たすことはできなかったが、明治二十九年、龍馬の甥である坂本直寛が浦臼に立ち寄り、北見地方開拓の一歩をしるし、坂本家と浦臼の関係が始まる。

右上に切手が貼ってあり、その上に明治四十一年、日本を訪問した米国艦隊歓迎記念スタンプが押されている。表面は未使用で、「萬國郵便聯合端書 Union Postale Universelle CARTE POSTALE」と印刷されている。横文字は、なぜかフランス語である。

当時作られた龍馬写真の絵葉書は、これだけでなく、他に写真〔③・4〕が知られている。この絵葉書（京都・個人蔵）は「京都三條便利堂製」である。右下にスタンプが押されており、「阪《ママ》本中岡両士四十年祭記念　明治卅九年十一月十五日　忠魂」といった内容が書かれている。この絵葉書は使用されたもので、宛先は相羽恒三である。この人物は、日露戦争における日本海海戦でバルチック艦隊司令長官・ロゼストヴェンスキーを捕虜にしたことで知られ、当時海軍大佐であった。

これらの写真③は前項の②と良く似ているが同じものではない。おそらく写真②が存在していなかったら、③が龍馬の写真だと特定するのはそう簡単なことではなかっただろう。それほど龍馬の顔つきは他の写真と印象が違って見える。なぜこれほど違うのだろうか。おそらく、②と比べてカメラの位置が低く、近い位置から人物を見上げるアングルとなった結果、カメラに近い足の部分が相対的に大きく写り、逆に顔が遠く小さく写ってしまったのではなかろうか。結果として上半身がほっそりと写ったことが、②と比較して若く見える主要な理由であろう。

③・3

③・4

一方、家紋の位置、椅子の後ろ足の形、などの関係を総合すると、写真②と比べ、③では、カメラは右方向にも移動して、壁に対して、より垂直方向に向いたのではないかという錯覚を与える。カメラの左右の位置と壁に対する角度を確かめるには、前に述べたように床板の継ぎ目が尺度になる。③には、かろうじてその継ぎ目が写っており、それらの角度は写真②に写った継ぎ目の角度とほとんど同じである。このことから、カメラの背景壁に対する角度は同じであることがわかる。②で家紋の位置が後ろに下がっているのは、左袖（向かって右の腕の部分）についた折り目と家紋の関係を見比べれば納得していただけるのではないかと思う。また、②で椅子の後ろ足が隠れているのは、袴の後部が垂れ下がった結果である。これらを総合すると、②と③の撮影の前後で、龍馬は椅子に座り直していることが明瞭なのだが、胸のはだけ方が大きく異なる。このことから、最初に試行的に③が撮影され、カメラの位置などが修正されたあと②が撮影され、その過程で衣類の胸がはだけた、といった推測も可能である。むろん裏付ける根拠はない。

以上のような解析をした場合に、写真②に見られる右手の反射板が③に写っていない理由を説明する必要がある。右半分の床と壁の境界が異常にくっきりしている点や、この時代の同じ写場の壁の下部に見える特徴的な修理跡が全く写っていない点などを総合すると、背景壁の右半分に加筆修整が行われていることが明瞭である。

ところで筆者は写真〔③・3〕の下部に床板の境目のようなものが写っていることから、床板が非常に狭く写っているという解析をして、これを根拠に蘊蓄を傾けたことがある。その後、この絵葉書を精査したところ、この床板前側面のように見える影は、実は絵葉書に貼られたセロテープのようなものだとわかり、一件落着した。古写真とは、かくも恐ろしいものなのである。

　ところで、この写真が、②を修整したものではないかと疑う人がいるらしい。確かにこれだけを見ると、相当な加筆が行われたことが明瞭である。しかし、人物を見る角度を全体的に変えるなどといった複雑な修整の必然性は有り得ない。

　これらより、さらにひどい修整が加えられた写真が、平尾道雄著「龍馬のすべて」[註14]に掲載されている。この写真には小刀が書き加えられている。この写真が掲載されているのは昭和四十一年刊行の初版であり、さすがに新装版では削除されている。発行者等が加筆写真と気付いたためであろうか。なお、この加筆写真は「陸援隊始末記」[註15]にも掲載されている。いずれにせよ、これらの写真③は、誰とも知れない複数の人物による加筆の対象となった経歴のある不幸な写真のようである。この写真③のオリジナル版の発見は望み薄だが、絵葉書については今後さらに発見される可能性は大きい。

　結論として、写真②と③が同日に連続して撮られた、別々の写真であることは否定しようもないことである。

四　丸腰の座像写真④

（一）写真④の素性

田中光顕が残した「維新夜語」[註16]や「維新風雲回顧録」[註17]に記されている昭憲皇太后の夢枕事件というのがある。ロシアのバルチック艦隊が極東に向かっていたころ、葉山御用邸に滞在していた美子《はるこ》皇后（のち昭憲皇太后）の夢枕に、見たこともない大男が立った。「微臣坂本龍馬でございます。このたびの海戦はいささかもご懸念遊ばす必要はございません。力及ばずといえども、皇国の海軍を守護致します」と、その大男が言ったというのである。その後に届けられた坂本龍馬の写真をみた皇后は驚いた。まさに夢枕の大男そのものだったのだ。

この話は、当時の宮内大臣だった田中光顕が、不当な扱いを受けていた土佐派の隆盛を計るために脚色した話だというのが定説になっている。そしてここに出てくる「写真」が④だったということになっている。この話は宮内庁編纂の「明治天皇紀」に記録されており、さらに「時事新報」や「萬朝報」などといった当時の新聞で報道されているので、根も葉もない話とは考えがたい。それらしい夢をみた皇后の「根」に田中光顕が「葉」をつけた、といったところであろうか。むろん、土佐派の隆盛だけでなく、国民意識の高揚という責務と動機が皇后と田中の双方にある。
それやこれやで、昭和初期までの間、龍馬の写真の中では最も広く出回ったと思われるものである。その元となるものに最も近いと思われるのが写真④である。この写真は大正十四年のアサヒグラフに掲載されたもので、所蔵者は「男爵関義壽」とあり、「阪本龍馬氏　裏面には阪本良馬とあり」という解説が添えられている。「阪」と「良」に注意されたい。龍馬を良く知る人物や、撮影者が「阪」や「良」を書くのは少し不自然であり、この裏書は、かなり後年になって書かれたことを想像させる。関義壽の父は元海援隊士の男爵・関義臣である。(註18)
一方、この写真とソースが同じと思われるものが司馬遼太郎の『明治という国家』の普及本に掲載されており、所蔵者は野村ふじ子とされている。この本の単行本には掲載されていない。(註19)
これらの写真の所蔵者やご子孫との連絡を種々試みたが、いずれも不調に終わった。したがって、これについてもオリジナル写真は、現状では未発見である。

④

オリジナルの写真がどのようなものだったかに

ついては推測するしかないが、やはり②と同様な全身写真だったのではなかったかと想像される。この写真では、龍馬は大刀を帯びておらず、しかも短刀まで外している。このあたりは龍馬らしいと言えるのだが、上半身のみの写真は、「腹切り写真」と言って嫌われた。そのため、これがオリジナルだったとは想像しにくい。

これらの写真がどのようにしてつくられたかについては、印刷時にトリミングが行われたことが一つの可能性である。あるいは、明治中期以降の新しい技術により引き延ばされたものという可能性もある。

(二) 写真④から作成されたポートレート写真

写真④は明治から昭和にかけて、もっとも多角的に利用されたものであり、これを元にして数多くのポートレート写真が作られた。以下に、二例ほど挙げておきたい。

ポートレート〔④・ポ1〕は卵形のグラデーションを用いて複製されたものである。周囲に書かれた文字は次のようである。

「坂本龍馬写真　慶應弐年壱月　長崎ニ於テ上野彦馬撮映　長崎天神裏ニ居リシ頃　海援隊ヲ組織スル前ニテ少シ威勢ヨクナリシ頃ニテ　始メテ羽二重ノ紋付着ス　右溝渕廣之丞義直ノ従者タリシ吉村正氏ノ直話」

現在この写真の所蔵者は秦親公氏である。元溝渕廣之丞が所蔵していたもので、台紙の文字は、廣之丞の養孫・守氏の筆ではないかと考えられる。

ポートレート〔④・ポ2〕は京都の霊山歴史館に収められているもので、徳富蘇峰旧蔵品とされている。添え書きがあり、「坂本龍馬肖像　坊間多くある中に是は本ものなりと云ふ事なり」と書かれている。たいそう立派な台紙に貼り付けられている。下の星のようなマークの刻印から作成者が特定できるかもしれない。写真部分のサイズは55×85㎜である。

これら以外に伏見寺田屋お登勢の孫娘・相部静子氏の所蔵とされていもの（写真の下に「京都市河原町二条盈科園　小泉道太郎」と印刷されている）や、京都、井口家の所蔵する写真（下に

④・ポ1

④・ポ2

「Japan Shashinshi」と書かれているもの）など、多数現存する。

以上のポートレート写真は、いずれも④を卵形にトリミングしたものである。当時④などの紙焼き版から接写複製により量産され、複数の写真館で商業用に体裁が整えられたものではなかろうか。これらに、原板から焼き付けられたものが含まれる可能性は一応あるが、取材していないので、確かなことはわからない。

（三）写真④を元にした絵画

ところで、この写真をモデルにして描かれたと思われる多くの絵画が知られている。それらの中で最も古いと考えられる絵画としては、国澤新九郎作の色彩油絵（④・画1）がある。国澤新九郎は土佐藩船「夕顔」の船将を務めたことのある異色の人物で、近代洋画壇草分けの人と言われている。この絵画は紆余曲折を経て、現在は高知県立坂本龍馬記念館に所蔵されている。衣類の着こなしなどから写真④をモデルにしたらしい特徴の見られるものである。この作品の裏面には、「明治八年春三月、東京彰技堂に於て之を描く。国澤新九郎」のサインがあり、三十歳の若さで他界する二年前の作品である。

最も有名なものとしては公文菊僊という画家が描いたものがあり、掛け軸として現代でも大量に流通している。筆者も一つ持っている。大量に流通したのは、昭和四年頃水交社（海軍高等官で組織さ

④・画2

④・画1

④・画4

④・画3

れた団体）が、この絵の全国頒布活動を行ったためであり、一次頒布数は二千部を超えたと言われている。大量生産されたためだろうか、どれも同じような絵であり、写真を元にして描かれたものであることが明瞭である。一例について、〔④・画2〕に顔の部分を示す。後ろ髪の乱れ方などから、写真④をモデルにしたことが推測される。

写真④をモデルにしたことが、もっと直接的にわかる絵画に〔④・画3〕がある。これは平成十六年十月十七日の朝刊各紙に報道されたものであり、同年坂本龍馬記念館で開催された「坂本龍馬と岩崎鏡川」展で公開された。(註20)勝海舟の「嗚呼南海偉男士」という明治二十七年に書かれた賛が添えられている。この絵は石版画とされており、作者と思われる「T・O」という署名が絵の中に書き込まれている。二年後の明治二十九年に刊行された弘松宣枝著「坂本龍馬」(註21)という書物の巻末に、「勝海舟彼が肖像に題して曰く、嗚呼南海の偉男士と」という記述があり、当時この絵が一般に公表されていた可能性を示す。同じ本の巻頭には〔④・画4〕が所載されている。作者に関する記述がないが、石版画（または銅版画）らしいことから、〔④・画3〕の作者と同じ人物によって画かれた可能性はあるかもしれない。ただし、龍馬の顔つきが非常に異なる。「T・O」という署名の主については、大黒武男（竹夫）が思い当たる。この人物は「青年自由美術院」に所属した画家で、龍馬の肖像画を画いたことで知られる。ただし、その活動時期は、石版画が画かれた時期よりずっと後である。この石版画の作者は大黒武男の父親またはそれ以前の人物ではないかと想像しているが、確かな根拠があるわけではない。外国人によって描かれたものではないかという説もあるようだが、時代背景や、「O」の後ろにピリオドが無いことなどを総合して、その可能性は低いと考えている。なお、現存する大黒武男の絵の龍馬の顔は、〔④・画4〕の顔に似ているので、こちら〔④・画4〕は大黒武男の作品であるかもしれない。

その他、多くの絵画が残されたと思われるが、ほとんどが写真④をモデルにしたものらしく、言い換えれば、これらの絵が描かれた明治から大正にかけての時期には、一般に知られる龍馬の写真が、①と④しかなかったことを物語っている。

五　亀山社中の仲間とともに⑤

この写真の初出は大正十五年刊行の『雋傑坂本龍馬』(註22)に掲載された〔⑤・1〕と考えられるが所蔵者等の説明はない。左から三番目が龍馬である。

一方、所蔵者が特定された写真〔⑤・2〕が『歴史読本』(註23)（平成十年七月）に掲載された。

この写真には所蔵者の古賀茂作氏（維新史研究室室長）によって書かれた記事が添えられているが、この写真がどのような経緯で伝わったものであるかは明らかにされていない。古賀茂作氏から電話で伺った話では、通常の名刺判ほどの大きさの鶏卵紙で、台紙に貼られているとのことである。事情に

⑤・1

⑤・2

より、現時点で写真の閲覧は実現していない。

　二つの写真のそれぞれ中央付近に特徴的な縦の折り皺がついており、同じ写真であることは明確だが、トリミングがそれぞれ異なる。〔⑤・1〕の下部に大きく写っている床の部分が切り取られ、台紙に貼られたものが〔⑤・2〕ではなかろうか。このことから、〔⑤・1〕の原画が台紙に貼られていなかったことや、折り皺がその時期以前についたものであることを想像させる。そして、〔⑤・1〕と〔⑤・2〕を組み合わせれば、ほぼ通常の名刺判鶏卵紙の縦横比となる。

　幸い、原画に写っていたと思われる左の柱の部分が〔⑤・2〕作成の際にカットされなかったため、上野彦馬の写場であることが、ひと目で推定できる。左上の破損がなければ、撮影時期特定の助けになる棚が写っていたかもしれない。

「雋傑坂本龍馬」に記録された人物特定では右から菅野覚兵衛、白峯（峰）駿馬、陸奥庸（陽）之助、坂本龍馬、岡本健三郎、長岡謙吉とされ、長期間通説となっていたが、菊地明氏により詳しく解析され、改めて右から白峰駿馬、菅野覚兵衛（千屋寅之助）、山本洪堂（複輔）、坂本龍馬、溝渕広之丞、長岡謙吉であるとされた。（註24）左端の長岡謙吉とされる人物にはやや疑問があるが、ほぼ的確な特定であると考えている。

この写真に写った龍馬が写真①～④と同じ衣服を着ていることから、これらの撮影と同じ日か、非常に近い日に撮影された可能性が高い。もしそうであるなら、土佐藩の官吏である溝渕廣之丞（左から二人目）と、脱藩浪人たちの密会の現場という構図になる。タイムスリップして真相を聞いてみたい衝動に駆られる写真ではある。

筆者はここまで取り上げた写真について、これらの写真が井上俊三の作品であることを、随所で断定的に書いている。以上に述べた①から⑤までの写真は、衣装の種類や雰囲気、それに頭髪の乱れ方など、どの角度から見ても同じ人が同じ日に撮ったという印象を抱かせる。当時すでに龍馬は有名人であり、出奔者の身であったことからすれば、何度もスタジオに通うということは考えにくく、「纏め撮り」が自然だろうという事情もある。ただし、慶応三年四月以降であれば、海援隊長の身分となるので、話は大幅に異なる。当時、写真を「撮られる側」の記録は日記等に数多く残っている。それらは、何か職務上その他の目的を持って写真館に赴く、というよりは、「写真でも撮ってみようか」といったような、いわば暇つぶし、遊び、の雰囲気をもった記述が多い。龍馬の場合は、将来の北海貿易に備えて、名刺を作る、といった目的も考えられなくはないが、それにしても、たびたび写真館に赴くほど龍馬は暇ではなかったはずである。

写真①が井上俊三の作品であると筆者が考える根拠については冒頭で触れた。そこで②〜⑤も同じ作者の作品という推論となるのである。

そこで、これらの写真がいつ頃撮られたかについてである。

写真〔①・1〕に「坂本龍馬先生影像原板　慶応二年撮影　武市建山珍蔵」という添書がついていることは前に触れた。この記述は井上俊三と接点のある武市佐市郎の筆によるので、信憑性はかなり高い。ただし、この中にある「慶応二年撮影」を直ちに信用することは出来ない。慶応二年の前半は、寺田屋遭難事件や、島原への旅行で、龍馬が長崎に滞在した日にちは極めて少ない。後半は行動不明な日が多いが、十一月から十二月にかけては長崎に滞在していたらしい記録がある。この期間には、その一年を振り返って親族に宛てた長い手紙を書いたりしているので、自分の写真を撮っておこうという心境になったことは十分考えられる。

この写真の撮影時期が慶応二年であることを示唆するものが他にもある。

一つは写真〔④・ポ1〕の添書にある「慶応弐年壱月」の記述である。慶応二年一月は龍馬は京都におり、長崎で写真撮影をしたことはあり得ない。「拾壱月」ならあり得る。一月は「正月」と書くのが普通であり、「壱月」と書かれていることが、そのような推理を生む。慶応二年十一月は、龍馬が長崎で溝渕廣之丞と接触していた時期である。一方、「写真の開祖上野彦馬」〔註3〕に収載されているポートレート写真の裏書きに、「坂本龍馬　慶応二年　二十八歳」と書かれていることが知られる。慶応二年と年齢が合わないが、間違える可能性は年齢の方と考えるのが自然である。これら二種類の写真の添書は、二つとも記述に矛盾を含んでいる。

添書というのは、このように不確実なものであり、直ちに信用することは出来ない。しかし、複数の写真で記述が一致する部分がある場合は、事情が少し違ってくる。前述の写真〔①・1〕の添書と合わせて三枚の写真（前述の浦臼町郷土史料館所蔵の写真〔①・3〕を加えれば四枚）に「慶応二年」の記述があることから、慶応二年説が信憑性を帯びることになる。もしそうであれば、慶応二年前半は考えられず、年末の可能性が最も高い。ただし、どれか一枚の写真の誤った添書に基づいて次々と誤った添書が書かれた可能性もあるので、少しだけ眉に唾をつけておく必要がある。ちなみに、これまで「慶応二年」以外の添書の付された写真は一枚も発見されていない。

六　菊の写真⑥

写真⑥は比較的最近になって東京や下関で合計四枚発見されたものである。写真の背景に菊の花が写っているので「菊の写真」と呼ぶことにする。撮影場所は、福井、京都、神戸、など諸説がある。福井の松平春嶽侯が写真好きだったことは広く知られているが、当時の福井に、これほど高品質の写真を撮る技術があったとするのは、いくらなんでもちょっと無理である。特に写真〔⑥・1〕は、A4判ほどに拡大してもシャープさがまったく崩れず、袴の極めて細かい縞模様までクッキリ写ってい

⑥・1

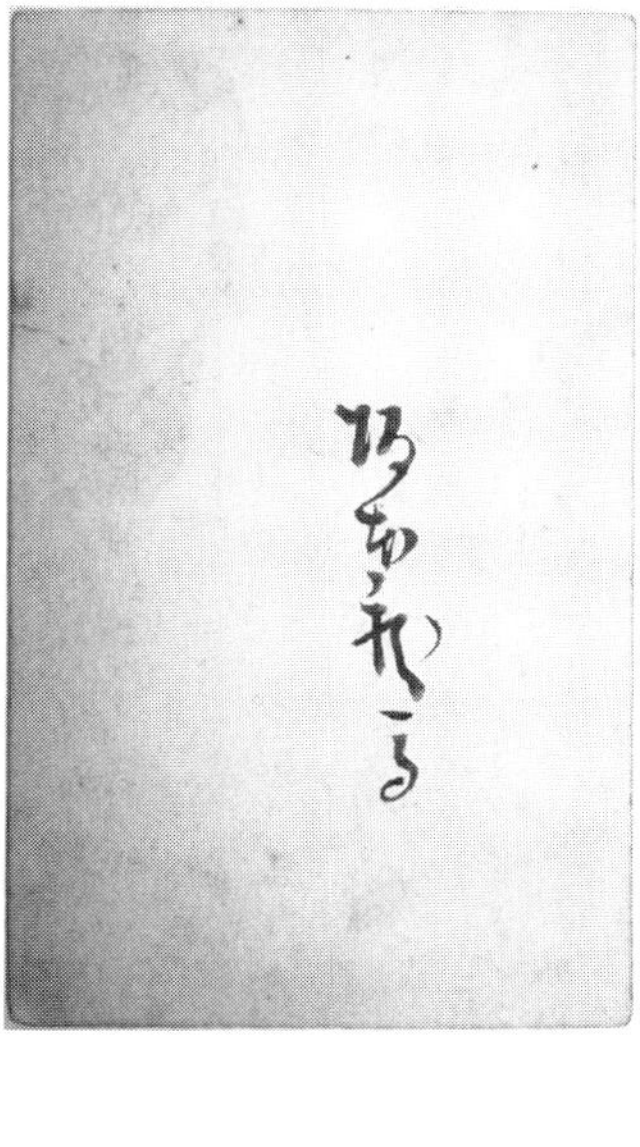

るという、とんでもないハイテク写真なのである。この写真が屋外で撮られているため、露光時間が短いのも要因の一つかもしれない。屋外であるため陰影が濃く写っている点は、商業用写真ではないという印象が少しある。

ともあれ、慶応三年時点でこれほどの写真を撮ることができた人物としては、西日本では上野彦馬、保利与兵衛、辻礼輔、守田来三、中川信輔、吉川治兵衛、それに井上俊三などが挙げられる。そうでなければF・ベアトなど、外国人の可能性は少しある。撮影時期は背景に写っている菊の鉢植えなどから慶応三年晩秋と推測されている。これが正しければ、井上俊三が大坂で写場を開いていた時期と一致するので、この写真が井上俊三の作品である可能性は十分あるのだが、現存する資料からは検証が難しい。ただ、慶応三年晩秋という時期の特殊性については考慮しておく必要がある。あちこちから付け狙われ、けっこうヤバイ状況にあった龍馬は、白昼写真館を訪れて写真を撮るなどといった状況にはない。そのような龍馬が写真を撮らせ、名刺代わりのポジ写真を多数焼き増しさせることができた相手としては、幼なじみの井上俊三なんぞは、まことにありそうだという肯定的要素がある。

以上の他、これまでに発見された四枚のうち二枚が下関に伝わったものであることから、慶応二〜三年の長崎などの可能性も残しつつ後考を俟たなければならないだろう。実際、この写真に写ったたばこ盆が、他の上野彦馬作品に写ったそれと酷似しているという考察がある。ただし、たばこ盆は当時の量産品であり、決定的な根拠とはならない。

以下にこの写真について概略を整理しておきたい。

◇菊の写真〔⑥・1〕◇

元福井藩士、今井兼輔が所持していたものである。現在は今井家のご子孫が受け継いで所蔵しており、岸本家寄託・東京龍馬会提供という管理下にある。筆者は平成二十年暮れにこの写真を拝見する機会を得、サイズの確認等を行うことが出来た。写真サイズは57×90㎜、台紙63×１０５㎜である。裏面には「坂本龍馬」と墨書されている。

◇菊の写真〔⑥・2〕◇

信州山吹藩士の子孫で、東京三軒茶屋の山本隆俊氏の所蔵であったが、現在は山本俊一氏に受け継がれ、東京都世田谷区立郷土資料館に寄託されている。筆者は山本俊一氏のご許可を得、世田谷区立資料館でこの写真を拝見したが、やや印画の粒が粗い（硬い）印象を持った。写真サイズは53×81㎜（右側天地は1㎜短い）、台紙63×１０１㎜である。裏面には「天下志士坂本龍馬公肖像」と墨書されている。後で少し詳しく述べるが、この写真は複製である。複製と言っても、鶏卵紙から鶏卵紙への複製という意味で、まことに貴重なものであることに変わりない。前述の写真〔②・2〕の場合と同様、上辺と左辺にオリジナル写真の台紙と思われるものが写っており、右辺にもわずかにそれが見える。トリミングは〔⑥・1〕とほとんど同じだが、ピッタリ同じではないので、〔⑥・1〕を接写複

⑥・3

⑥・2

⑥・4

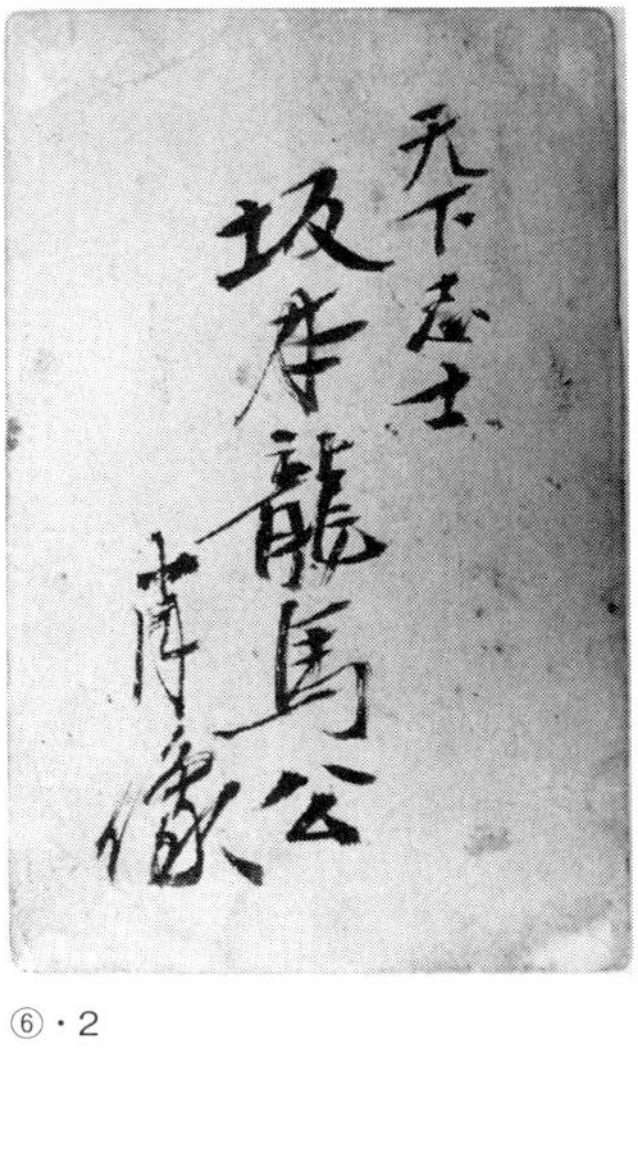

⑥・2

⑥・4　⑥・3　⑥・2　⑥・1

製したものではない。これは、別のオリジナル版が、かつて存在したことを意味する。

◇菊の写真〔⑥・3〕、〔⑥・4〕◇

両写真とも長府藩報国隊士、伊藤常作の子孫の河村家が所蔵していたものを下関長府博物館の学芸員が河村家で発見したものとされている。現在はご子孫が秋田に移住されたため、秋田県立博物館に寄託されている。現在の所蔵者である須藤真代氏のご許可を得て秋田県立博物館で、これらの写真を拝見した。二枚の写真とも赤く縁取りされた台紙に貼られており、同じ人物が焼き付けたという印象である。両写真とも台紙に裏書きはない。〔⑥・3〕は、やや褪色しているものの、〔⑥・1〕と比べても遜色がないほど鮮明だが、〔⑥・4〕の方はネズミの糞尿によって汚れ、ほとんど見えない。ちなみに、写真は毒性の金属銀が付着しているためだろうか、ネズミがかじることはないらしい。その腹いせに（？）糞尿をひっかけるのだろうか。

これらは、写真〔⑥・1〕、〔⑥・2〕と比べてトリミングが少し異なる点に注意する必要がある。サイズは〔⑥・3〕が55×85㎜、台紙63×104㎜、〔⑥・4〕が54×86㎜（下端の左右は0・5ミリ短い）、台紙63×104㎜である。

以上四枚の写真を比較するため、それぞれ原寸大に固定した上で龍馬の額上端が揃うように並べてみた（印刷したものは原寸大ではない）。

一見してわかることは、〔⑥・2〕の龍馬像が他の三枚と比較して小さいことである。このことから、〔⑥・2〕は、オリジナル鶏卵紙版から接写により複製されたものであることが推測される。その他の理由はすでに述べた。この写真についても鶏卵紙に印画された湿板写真と見受けられることから、複製されたとしても、明治中期以前と考えられる。前述の〔①・2B〕と共通した「硬質感」があるものの、非常にシャープな写真であり、当時の接写技術を考察するうえで〔①・2B〕や〔②・2〕とともに貴重な史料と言えるだろう。

〔⑥・3〕と〔⑥・4〕は、少し褪色しているので判定が難しいが、〔⑥・1〕とともに同じ原板から印画されたオリジナル写真ではないかと考えている。

もう一つの可能性は、四枚の写真が連続して撮られた別の写真だということである。しかし、現代の写真と違い、短時間に連続して撮影することが不可能だったことを考えれば、そのような可能性はまず無い。そう断言出来るほど、四枚に違った点が見つからない。

七　伊藤九三とともに⑦

この写真は前述の伊藤根光氏が所蔵しておられるものである。写真〔⑦・B〕（次頁下）は、立派な台紙に貼られており、その裏面には、「右　伊藤九三、中　坂本龍馬、左　九三従者」と書かれている。写真部分のサイズは56×86㎜である。右の人物が龍馬に資金援助をしていた伊藤九三（助太夫）であることはうなずけるとして、左の人物は九三の従者にしては尊大に見えることから、実は小曽根英四郎ではないかという説があり、古くから議論の対象とされてきた。この裏書きは九三自身またはその子息の時代に書かれたことが想定されることから、裏書きの内容に疑問がある場合は、龍馬や九三についても信憑性を疑わなければならないことになる。

この写真は親しく伊藤根光氏にお目にかかって見せていただいたが、前述の〔①・2B〕の場合と同様、下関の白石写真館で複製されたものである。

オリジナル版である〔⑦A〕は、54×92㎜（台紙は62×103㎜）で、通常の鶏卵紙である。裏書きはない。かなり褪色が進んでおり、その意味で複製を作成した白石写真館の功績が大である。この場合も書物等で公表されてきたものは〔⑦B〕の方である。書物では[註10]「慶応年間、長崎にて撮影した

⑦A

⑦B

もの」とされているが、根拠は不明である。

この写真は手がかりになるものがたくさん写っているわりには、謎解きが難解なものである。三人が座っている特徴的な敷物が当時の他の写真に写っていないか、相当数の写真を調べたが発見することはできなかった。したがって、撮影時期や場所などは、まったくわからないが、ここまで取り上げた龍馬と比べ、顔がややふっくらしていることに注意する必要がある。このことから慶応元年頃の撮影である可能性を感じさせる。慶応二年一月の寺田屋遭難という生死にかかわる事件を経た後の龍馬の姿が①～⑥であることを、我々は念頭に置かなければならない。

八　勝海舟とともに⑧

写真〔⑧・1〕は宮地佐一郎氏によって「坂本龍馬全集(註25)」や「坂本龍馬写真集(註10)」に紹介されたものである。後者の書物には次のように解説されている。

「海舟を囲む龍馬写真（呉市武田家蔵）周防源氏武田家の末裔、武田正彦氏所蔵の新発見写真である。中央に勝海舟、右が龍馬、左は武田祐治（神戸海軍操練所教授）と伝えられる。武田祐治は武田家現当主正彦氏四代前の祖である」

写真とすれば著しい修整が加えられている感があり、むしろ絵画と考えていいであろう。右端の龍

⑧・1

⑧・2

馬とされている人物は他の写真と印象が著しく異なるものの、顔の輪郭、眉毛の左右の形、眉毛・目・鼻・耳・口・顎の位置関係、向かって左肩を下げる癖、右ひたい部分の頭髪と額のライン、などは龍馬の特徴を備えている。

やっかいなのは、その体格が少し小柄に見える点である。龍馬はかなり大柄で、身長も170センチ前後だったというのが定説である。一方、中央の勝海舟とされる人物は、遺された他の写真と比べてよく似た印象であるが、身長に関しては、三人の中で最も背が高いように見える。勝海舟の身長は、152センチだったという説と158センチだったという説がある。これらの説の根拠は不明だが、いずれにせよ小柄だったということになっている。つまり、勝海舟とされている人物と、坂本龍馬とされている人物の体格が定説と逆なのである。

以上の分析からすれば、右二人の人物特定の内、少なくとも一人は誤りということになる。そのようなわけで明確な結論が得られるのは難しいのではないかと思われ、さしたる関心もなかったが、「修整拡大したものが江田島海軍教育参考館に展示されている」という宮地佐一郎氏の解説(註10)が、少しだけ気になっていた。念のため、といった程度の軽い気持ちで江田島の海上自衛隊第一術科学校(旧・海軍兵学校)にある教育参考館におもむいた筆者は、ここでびっくり仰天の事実に遭遇することになる。

手続きを経て他の見学者と共に教育参考館の立派な建物に案内され、目的の写真の前に立った筆者はあっと息を呑んだ。〔⑧・1〕とは明らかに違ったものだったからである。額装され、A3判ほどの大きさに見えた。この写真は戦前の海軍兵学校教育参考館の図録等(註26・註27)には掲載されていないので、戦後、同館に所蔵されたものであろう。教育参考館から本書への掲載のご許可をいただき、提供されたものが〔⑧・2〕である。原資料と比べ四辺がカットされているが、重要部分は一応含まれている。

この写真（カ）を眺めると、まず勝海舟と坂本龍馬とされている人物の座高が史実の通りで、〔⑧・1〕とは逆であることがわかる。その他、刀と手との位置関係など、微妙に異なる点が多く、何よりもその背景が大きく異なる。このことから、両者の関係は次の三つに絞られる。

（1）〔⑧・1〕が写真で〔⑧・2〕が絵画である。

（2）〔⑧・1〕が絵画で〔⑧・2〕が写真である。

（3）両方とも絵画である。

座高が違うのだから、両方とも写真である可能性はない。〔⑧・2〕の背景に家屋があり、ピカピカに磨かれた縁側に映る柱や仕切り板の影などは、絵画とは思えないリアルさである。もしも絵画だとすれば、このように複雑な造形を背後に描く必然性が感ぜられない。そこで答えは（2）ではないかと想像された。そして、〔⑧・1〕が〔⑧・2〕を見て描いた絵画だとすれば、勝海舟が大きく描かれた事情も、それとはなく察せられるのである。

写真（カ）〔⑧・2〕の右端に「文久二年寫」の文字が見えるが、龍馬が兵庫にいた勝海舟を初めて訪れるのが文久二年の暮れ頃と考えられているので、文久二年にこの写真が撮られた可能性はほとんどない。これが写真だとしても、上野彦馬や下岡蓮杖が開業した直後にあたる文久三年頃の撮影であろう。おそらく絵画と見えるほどの修整を加えざるをえない程度の品質だったに違いない。

この二枚の写真（絵画）に関しては、今後研究を深める必要があるが、いずれにせよ、文久年間の少し太めの堂々たる龍馬の姿を世に出す可能性を秘めた作品と言っていいであろう。「海援隊の回顧（関義臣懐旧談）」(註25)に、「龍馬の風采は、軀幹《たけ》、五尺八寸に達し、デップリ肥って、筋肉逞ましく、顔色、鉄の如く、額広く、始終衣服《きもの》の襟を、ダラリと開けて、胸を露《だ》して居た」、とあることに注意しておきたい。

おわりに

ここまでに書いた八種類の写真が、これまで発見されたものの全てである。他に、龍馬の写真だという説が根強くありながら、根拠のないものが数種類存在する。平たく言えば偽物である。

最近でも「龍馬モドキ写真」が次々と話題になり、熱心な龍馬ファンによって無理矢理「ホンモノ」のレッテルが貼られている。龍馬ファンの気持は良くわかるのだが、古写真の専門家が見れば、ひと目で偽物と断定できるものがほとんどである。ただし筆者は専門家ではない、念のため。

モドキ写真のうち、最も有名なものは、「幕末に志士たちが長崎に集合して撮った写真」として流通している、四十数人もの人数が写った、あの有名な写真である（98頁参照）。この写真は今撮影されたばかりかと思うくらい高品質のもので、各人物の家紋まで克明に識別できるほどである。それだけでも明治になってからのものという印象がある。

この中の龍馬とされている人物は、一見して龍馬とは似ても似つかぬ容貌である。科学的ではないが、人の顔というものは、その第一印象が重要な意味を持っている。よく犯罪捜査で「ピンとくる」という、あれである。ただし、これは龍馬に違いないという先入観を持った人が見れば、どこかそれらしいものが見つかるようであり、その意味では傍証にはなりにくい。

この写真が世に出たのは、明治二十八年の雑誌『太陽』(註28)に戸川残花によって紹介されたのが最初とされている。その後、いくつかの書物でこの写真が取り上げられたが、特段の注目を集めることはなかった。この写真が一躍注目されるようになったのは、島田隆資という人物により『日本歴史』に、この写真に関する論文(註29)（？）が掲載されて以降のことである。

この記事で島田氏は、「龍馬の他に西郷隆盛や高杉晋作などが写っている」という、まことに刺激的な説を唱えており、そのため多くの人々に誤解を与えてきた。記述の中で「断定」、「推定」などといった、根拠のありそうな錯覚を与える単語が使われたためだろうか、これを信じる人が多いらしい。その結果、複製写真や、写真を焼き付けた陶器などが高額で売買されるという、信じられないことが起こった。おそらく島田氏も予想しなかったであろう混乱が今なお続いているのである。現在でもまだこの論文の解説を無批判に信じる人が多数いるのは困ったことである。

ところで、この写真は、長崎でフルベッキに学んだ人々の事跡を考察する上で重要な意味を持っており、近年その研究が進んでいる。最も新しい研究(註30)によれば、この写真は明治元年十月二十三日から十一月十九日までの間に撮影された、佐賀藩の長崎致遠館に学んだ学生達を写したもので、岩倉具視の二人の子息の入学記念写真だということである。この時期、坂本龍馬は長崎にはおらず天国にいた。この研究がさらに深められることを期待したい。

他に、文久元年、龍馬が武市半平太の命で訪れた丸亀の矢野道場で矢野市之進と並んで写した写真というのや、京都国立博物館の創設に尽力した蜷川親胤と間違えられた写真、さらに木戸孝允とともに写った写真と称されたものなど、数え上げれば枚挙にいとまがない。

筆者は、このような説を唱えている人を非難しているわけではない。それぞれお楽しみいただければいいと思っている。一方、科学的な調査や考察によって真実に迫ろうとする試みは、今後ますます深めてゆく必要があり、それは単に推測だけであれこれと議論するよりは数倍楽しいことである。

〔註〕

註1　「解明「龍馬立像写真」の真の撮影者」　松岡司『歴史読本』新人物往来社　1991年3月

註2　『長井長義長崎日記（原本解読版）』　徳島大学薬学部長井長義資料委員会（私家版）　２００６、『近世土佐の群像（３）―溝渕廣之丞のことなど―』　渋谷雅之　（私家版）　２００７
註3　『写真の開祖上野彦馬―写真にみる幕末・明治―』　上野一郎他　産業能率短期大学出版部　１９７５、『長崎：江崎べっ甲店所蔵　上野彦馬撮影局―開業初期アルバム―』　尼崎市総合文化センター　２００７
註4　『池道之助日記』　武市佐市郎集　第四巻　歴史資料編　高知市民図書館　１９９７
註5　「坂本龍馬写真の原版など　龍馬についての話題」　武市祐吉　『土佐史談』１７０号　１９８５
註6　『コロジオン湿板方式・坂本龍馬像　調査報告』　山口孝子・三井圭司　高知県立歴史民俗資料館　研究紀要第13号　高知県立歴史民俗資料館　２００３
註7　『龍馬が見た長崎―古写真が語る幕末開港―』　姫野順一　朝日新聞出版　２００９
註8　『龍馬、原点消ゆ』　前田秀徳　三五館　２００６
註9　『坂本龍馬と刀剣』　小美濃清明　新人物往来社　１９９５
註10　『坂本龍馬写真集』　宮地佐一郎　新人物往来社　１９８２
註11　『大浦慶女ノート』　本馬恭子　１９９０
註12　『幕末明治　文化變遷史』　東洋文化協会編　關門日日新聞社　１９３２
註13　『幕末維新の元勲　青年坂本龍馬の偉業』　藤本尚則編著　敬愛会支部　１９５７
註14　『龍馬のすべて』　平尾道雄　久保書店　１９６６
註15　『陸援隊始末記』　平尾道雄　大日本出版社峯文荘　１９４２
註16　『維新夜語』　田中光顕　改造社　１９３６

註17『維新風雲回顧録』田中光顕　大日本雄辯會講談社　1928
註18『アサヒグラフ写真百年祭記念号』朝日新聞社　1925
註19『明治という国家・下』司馬遼太郎　NHKブックス　1994
註20『坂本龍馬と岩崎鏡川展　―鏡川生誕130年～龍馬生誕170年―　図録』高知県立坂本龍馬記念館　2004
註21『坂本龍馬』弘松宣枝　民友社　1896
註22『雋傑 坂本龍馬』坂本中岡銅像建設會　1926
註23「坂本龍馬と同志たちの古写真オリジナルプリント発見」古賀茂作『歴史読本』新人物往来社　1998年7月
註24『クロニクル坂本龍馬の33年』菊地明　新人物往来社　2006
註25『坂本龍馬全集　増補四訂版』平尾道雄監修　宮地佐一郎編集　光風出版　1988
註26『海軍兵学校教育参考館写真帖』海軍兵学校編　1928
註27『海軍兵学校教育参考館図録』海軍兵学校教育参考館　1934
註28「フルベッキ博士とヘボン先生」戸川残花『太陽』第1巻第7号　1895
註29「維新史上解明されてない群像写真について」島田隆資『日本歴史』第308号　1974、「維新史上解明されてない群像写真について　其二」島田隆資『日本歴史』第332号　1976
註30「フルベッキ写真の解明」高橋信一『葉隠研究』第62号　2007

化物と西郷の写真無し

石黒敬章

一　描かれた西郷とその複写

西郷隆盛は写真嫌いで、写真は写さなかったというのが定説である。隆盛の孫で参議院議員を務めた西郷吉之助は「明治天皇は自身の写真を2度も祖父に送り、写真を撮って差しだすように仰せられたのにもかかわらず、陛下のために命を捨てるつもりでいた祖父がお答えしていないのだから、写真は存在する訳はない」と断言していたそうである。

島津長丸[註1]も「化物と西郷の写真無し」と喝破していたという。

私たちが西郷さんとして思い浮かべる顔は、絵が元になっている。最も多く雑誌などに掲載され、印象深いのはエドアルド・キヨッソーネ[註2]の描いた油絵である。西郷従道が所蔵していた実物は第2次世界大戦で焼失してしまったが、石版画となった「贈正三位故陸軍大将西郷隆盛公肖像」【写真1】

は、石黒コレクションにもある。西郷公（従道のこと）許可とあり、かなり刷られて販売されたものであろう。キヨッソーネは西郷と会ってデッサンしたわけではなく、顔の上半分を弟の西郷従道【写真2】、下半分を従弟の大山巌【写真3】をモデルにしたと言われる。試みに二人の写真を繋げてみたのが【写真4】である。さてキヨッソーネの西郷と似ているだろうか。

その他にも西郷肖像は数多く残されている。実際西郷と会っている画家の作品もある。西郷家の近くに住んでいた床次正精の「大礼服を着た全身像（洋画）」（鹿児島市立美術館蔵）、服部英龍が鹿児島隼人町の温泉で西郷に直接面会して描いた「犬を連れた狩り姿の全身像」、明治初年西郷を慕って

【写真1】「贈正三位故陸軍大将西郷隆盛肖像」キヨッソーネの描いた油絵を、石版画にしたもの。この絵が後の西郷肖像や銅像に影響を与えている。

【写真2】西郷従道肖像写真。陸軍の軍服なので海軍に転じる明治17年以前の写真。

薩摩に留学した庄内藩士石川静正描く「西郷半身像」、西郷家の隣に住み、子供の頃西郷の膝にのせられたりして可愛がられた肥後直熊による「腕を組んだ座像」などがある。これらの絵はみな眉毛が太く、目がギョロッと大きく、耳も大きいことなど同じで、キヨッソーネの描いた西郷像とよく似ている。

石黒コレクションには石版画の「西郷隆盛肖像」【写真5】がもう1枚ある。「西郷従道　黒田清隆検閲　山下房親　床次正精　調整　明治廿年八月十六日　版権免許鈴木恭信宇敷則出版東京銀座3丁目大盛堂」と下に書かれている。西郷従道と黒田清隆がチェックしているのだから似ているのであろう。

【写真3】　大山巌肖像写真。西郷隆盛の従弟。明治10年代。

【写真4】　キヨッソーネの肖像画の如く、顔の上半分は西郷従道【写真2】、下半分は大山巌【写真3】を合成したフォトモンタージュ。

【写真5】「西郷隆盛肖像」明治20年に売り出された石版画。西郷従道と黒田清隆が検閲しているのだから似ているのであろう。同じ石版画が郡山市立博物館にもある。

【写真6】「薩摩五偉人」と題した絵葉書。西郷隆盛を筆頭に大久保利通、島津斉彬、村田蔵八、桐野利秋が描かれている。明治40年代。

後に明治末に発行された「薩摩五偉人」という絵葉書に描かれた肖像【写真6】もあるが、似通った顔で、一目で西郷だと分かる。

石版画や錦絵の販売店だけに客を取られてはならぬと、写真販売店も考えたらしい。石版画を複写した西郷の写真を売り出している。通常は写真を元にしてそっくりな石版画を作るのであるが、西郷肖像の場合は写真がなかったのでその逆になる。キヨッソーネの西郷像を複写した写真【写真7】もある。その他に石黒コレクションでは絵を複写した2種類の西郷写真を所蔵している。明治20年に矢島智三郎発行の「西郷隆盛之像」【写真8】と、「陸軍大将の軍服を着た西郷肖像」【写真9】である。相当数が販売されたようである。

十数年前のことだが、「西郷隆盛の写真を持っているので鑑定してほしい」との電話があった。「西郷の写真は無いのです」と言っても、相当に自信があるようで、遠路関西から訪ねて来られた。見ると大礼服着用の石版画を複写した【写真9】と同じ西郷像であった。こうした石版画の複写写真でも、再度複写されたり、退色して画像が薄くなったりすると、実写と見分けがつかなくなることがある。持参された西郷写真も退色していて、いかにも肖像写真のように見えたのである。コレクションにある同じ写真を見せて納得してもらったのであるが、期待が大きかっただけにしゅんとされてしまった。私は可哀想になり近くの駅まで車で送って行ったことがあった。

「児孫の為に美田を買わず」の名言があることでも分かるが、西郷は私利私欲のない人物だった。

【写真7】　キヨッソーネの肖像画を石版画にしたものの複写。「故西郷隆盛翁之寫真也　明治四十年九月廿三日　謹識　大山巖　伊東祐亨　東郷平八郎」と焼き込みがある。キャビネ判。

【写真8】　明治20年に矢島智三郎（画工・出版）の「西郷隆盛之像」を複写したもの。元の石版画は2色刷り。『描かれた明治日本～石版画〔リトグラフ〕の時代～展図録』（2002年、描かれた日本展実行委員会・毎日新聞社発行）の139頁に掲載されている。

明治政府による杓子定規で冷徹な官僚主義が始まり、汚職などが横行し金の支配する時代になると、西郷は新政府から徐々に離れて行く。終には西南戦争を起こし明治政府に立ち向かった西郷だが、その人気は衰えることはなかった。衆望を担った維新第一の立役者だっただけに、無いと言われてもこれは西郷さんの実像ではないかとの写真がたびたび現れる。

西郷写真として現れ出た写真の多くが、次の3種類の写真なのである。まあ言いつくされたことになるのだが、諸説を読み、私見を少し書き加えて、今一度3枚の写真を紹介してみようと思う。

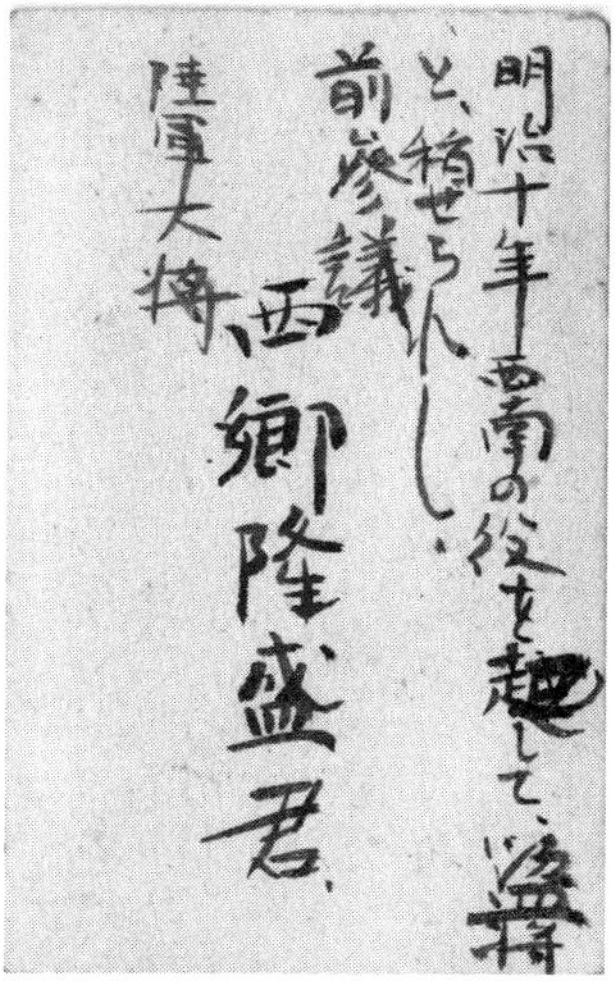

【写真9】「陸軍大将の軍服を着た西郷像」石版画の複写写真。作者は不詳である。受章もしていない大勲位菊花章が胸に描かれている。明治中期の名刺判写真。

二　永山西郷

平成16年の初め、ある古書店のI氏から電話があった。市場で手に入れた明治初期の写真の中に、西郷兄と付箋の貼られた写真があるのでご覧に入れたいとのことだった。「西郷隆盛の写真は無いと言われていますが、この写真は弟の西郷従道に似ているし、もしかすると幻の写真かも」と興奮が伝わってきた。I氏は古写真にも目が利く人だったので、もしや新発見の写真かもしれないと押っ取り刀で駆けつけたのだった。しかし一見して永山弥一郎の「永山西郷」写真だと分かってがっかりした。

永山弥一郎は薩摩藩士で、明治元年の戊辰戦争では白河城、会津若松城攻撃などで勇戦した。戊辰戦争の後は北海道に赴き、陸軍中佐となり開拓を指導。明治8年に政府がロシアと千島樺太交換条約を締結したことに憤慨して辞職し、鹿児島に帰る。西南戦争の挙兵には最後まで反対していたが、終には押し切られ、三番隊長として従軍。御船の戦いに敗れ自刃した人物である。その永山の写真が、何故か西郷隆盛の真影写真として販売されたのである（永山が西郷の影武者を務めていたとの説もある）。それを「永山西郷」写真と称している。

永山であると知って当然のことながらI氏も肩を落とした。I氏は奥さんやお子さんに「お父さんは大変な発見をしたかもしれない」と話し、たいそう盛り上がっていたのだそうである。それに水を

【写真10】「永山西郷」と言われる永山弥一郎の写真。右上に西郷兄と旧所蔵者による付箋が付けられている。写真下に西郷隆盛と焼き付けられた写真も販売されている。明治10年頃の名刺判写真

差してしまうことになったのだが仕方がない。私のコレクションには、「永山西郷」の写真は無かったので、西郷の値段ではなく永山の値段で買い取らせてもらった。本物の西郷写真だったら高価でとても買えなかったであろう。私にとってはむしろ幸いしたのかもしれない。それが【写真10】である。

『歴史への招待㉙』（昭和59年、日本放送協会発行）の「西郷隆盛謎の顔を追え！」では、富山の鹿野家に残されていた永山西郷の写真を載せている。鹿野家の先祖の菊屋峰吉が神戸ステイションにて買い求めたものである。裏面も掲載され、そこには「前陸軍大将今者《ママ》賊将西郷隆盛真影　神戸三ノ宮ステイション待合室ニテ求ル之ヲ　明治十年四月十日」と峰吉が書している。峰吉は会計方軍夫として熊本に向かう途中だったとのこと。明治10年4月といえば西南戦争真っ最中の頃で、永山西郷の写真はこの頃既に現れていたことが分かる。

当時は当然なことながらメールもファックスもない。新聞・雑誌には挿絵しか載せられない時代だから、永山の写真を西郷だと信じる人が多かった。その証拠に、西南戦争を描いた錦絵に登場する西郷隆盛像は面長で髭を生やしている。永山西郷の写真が手本にされ描かれてしまったのである。

よく引用される記事だが、『写真月報』（昭和5年発行）の「西郷写真」（岩野一美執筆）の項に、「永山西郷」のような写真をつくるものをドリック屋というが、これはトリックのなまりらしいと書かれているそうだ。永山西郷の名刺判写真は、発売当初は何も小細工されていないが（菊屋峰吉が神戸ステイションで購入したものや【写真10】など）、後に信用度を高めるためか、写真下に「西郷隆盛」とか「カゴシマ西郷隆盛」と焼き込んだものなど数種類が売り出されている。

私もこのドリック屋の術中に堕ってしまったことがある。西郷とともに戦って戦死した桐野利秋【写真11】と篠原国幹【写真12】の写真である。これまでに桐野、篠原として掲載してしまったことがある写真だ。森重和雄氏にそれは明治10年4月28日発行の『朝野新聞』に載っているニセ写真では

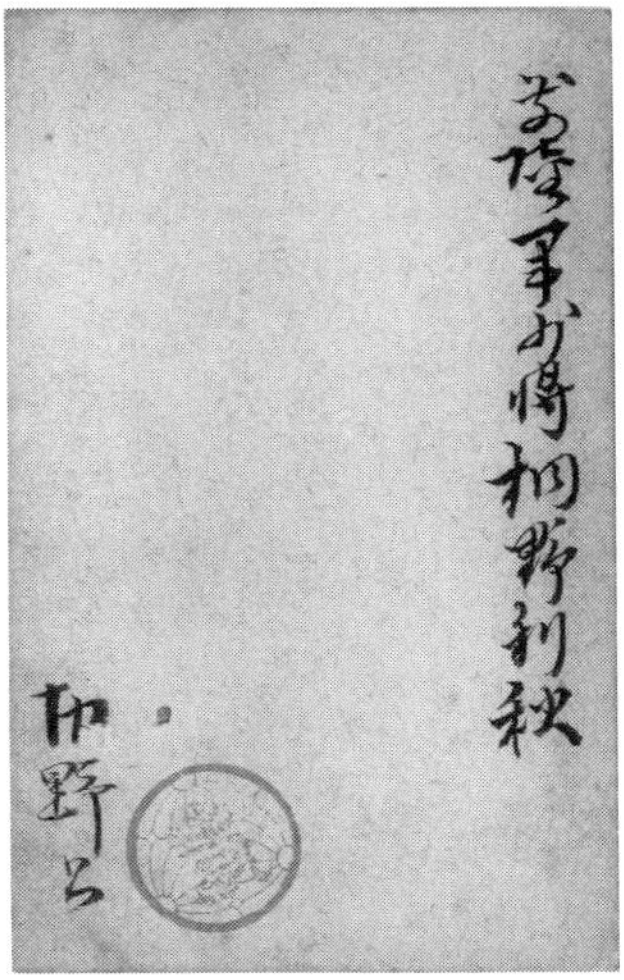

【写真 11】　桐野利秋のニセ写真。伏見稲荷神社神官山田錝太郎と思われる。裏面には「前陸軍少将桐野利秋」と書き込みがある。明治 10 年頃の名刺判写真。

ないかとの教示を受けた。調べてみるとその記事は『日本写真史の落穂拾い』（亀井武著、平成3年、日本写真協会発行）の29頁に載っていた。少し長いが引用する。

「西郷、桐野の写真販売に付て一奇聞あり。伏見の稲荷神社の神官、山田錝太郎が、京都寺町祈願寺内の写真店の前を通りしに、人人《ひとびと》が打ちよって〝桐野は好男子じゃ。まだ年が若い。〟抔《など》と取々《とりどり》に評判するから、不図《ふと》立ち留まりて見るに、其烏帽子《えぼし》、直垂《ひたたれ》の姿は吾が写真にて、桐野利秋と記《し》るしたるゆゑ吃嘆《えびっくり》したるが、又其の傍を見れば、同僚松井某が烏帽子、直垂の写真には篠原国幹と記し、小宮司《ぐうじ》某の細君の親属某が洋服を着けたるには西郷と記《しる》しあれば、弥《いよいよ》驚きおかしさ堪えがたかりしが（以下略）」とある。

【写真12】 篠原国幹のニセ写真。伏見稲荷神社神官山田某である。ニセ桐野の【写真11】と一緒に売られたもので、旧所蔵者も同じ。裏面の「前陸軍少将篠原国幹」も当然当てにならない。

【写真13】　薩摩家関係の群像。浅草大代地（瓦町）にあった内田九一の写真館で撮影の写真。右から２番目のカボチャ顔の人物が西郷と言われることが多かった。勝目清や島津久敬の調査で、右から橋口半五郎、小田原瑞哿、島津忠欽、島津珍彦、島津忠斉、不明とのこと。

この記事によると、【写真11】の桐野は伏見稲荷神社神官の山田鋕太郎で、【写真12】の篠原は同僚の松井某ということになる。西郷のニセ写真が永山西郷かどうかは不明だが、菊屋峰吉の買った永山西郷の裏書きも明治10年4月で、時代は一致する。

三　スイカ西郷

島津家関係の写真【写真13】に写るカボチャ顔の人物が西郷隆盛とされることが多い。「西郷群像写真」と呼ばれることもあったという。明治末から新聞、雑誌、写真展などで何度となく西郷と称されている。

明治10年頃来日のフランス人が母国へ持ち帰ったアルバムの中にこの写真が貼られている。

昭和初年に私の父がパリで見付けて将来したものである。写真の下にはフランス語で〝Famille de Satsouma〟とペン書きがあり、横にはサシウと墨筆で添書きがある。

この写真は、明治天皇を謹写したことでも知られる内田九一の写真館で撮影されたものである。内田九一は明治元年に横浜馬車道に写真館を開き、同2年に浅草大代地にも開業した。これまでそのどちらの写真館で撮影したかは漠然としか分からなかったのだが、古写真研究家の森重和雄氏と、写場の敷物、背景、腰板、椅子、テーブルなどの小道具を比較することの協同研究により、横浜か浅草かを9割以上の写真で確定できるようになった。(註3)この写真は浅草大代地(瓦町)にあった内田九一の写真館で撮影されたことが確実である。撮影年代は開業した明治2年から、内田が没する明治8年と考えられる(内田写真館は九一没後も、妻のお歌が引き継いで明治18年まで営業していたから、僅かだが8年以降の可能性もある)。

石黒コレクションには名刺判の同じ写真【写真14】がもう1枚ある。やはりお土産として売られた写真であるが、これには裏面に「旧鹿児島城主島津忠義　陸軍大将正三位西郷隆盛　久光公嫡男　二男　其の他ハ　勇士」といい加減な書き込みがある。こうした記載を信じて、西郷隆盛だと信じた人もいたことだろう。

右端の人物は、武部武彦、平野國臣、大久保利通、橋口半五郎(島津忠欽家臣)などとされてきた。右から3番目と4番目の人物は島津忠欽《ただたか》(島津久光4男)と島津珍彦《うずひこ》(久光3男)とされることが

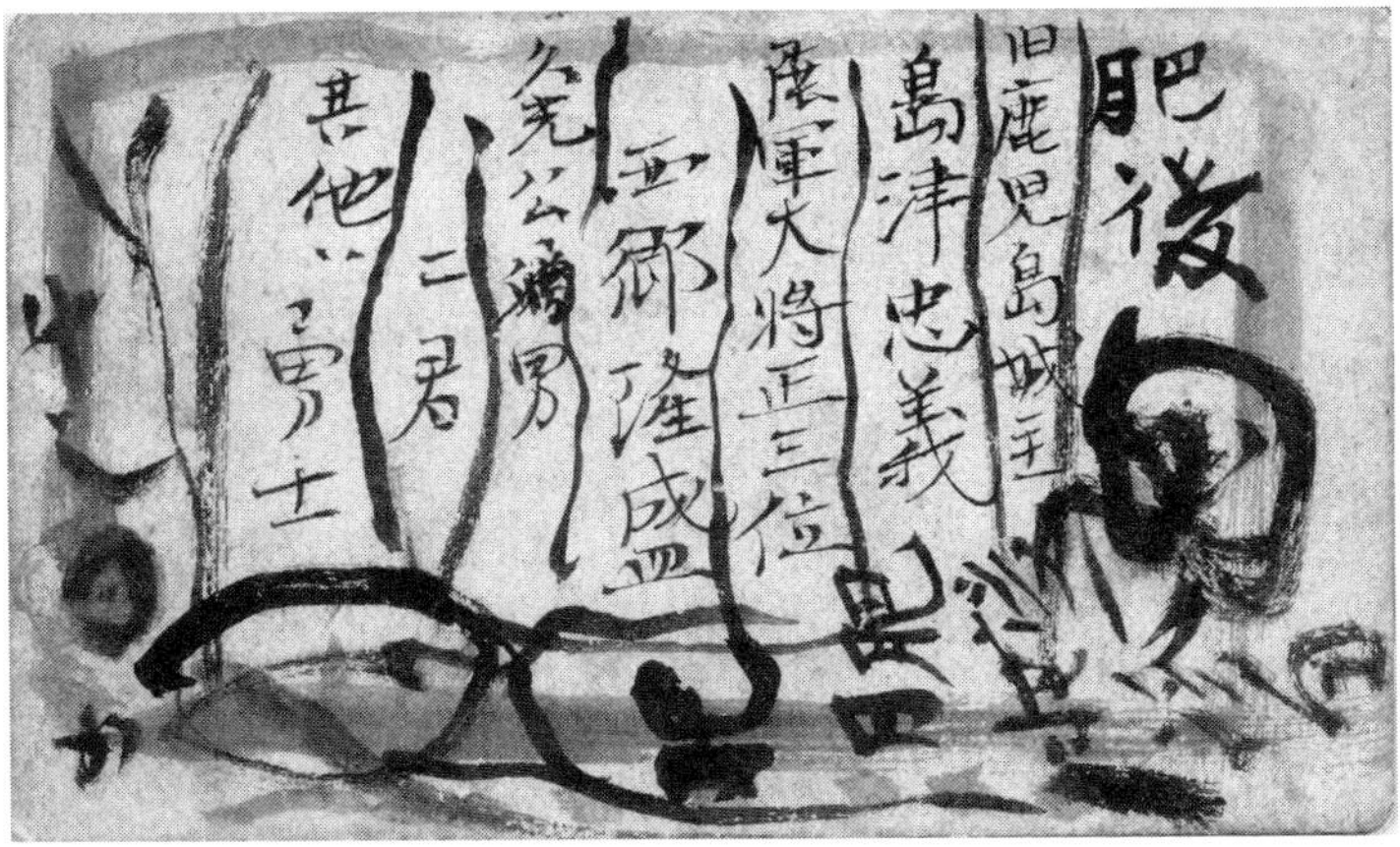

【写真 14】　お土産として売られ、裏面に西郷と書かれた名刺判写真。内田九一写真館で撮られた写真も、名刺判になり販売流通したものがかなりある。

【写真15】　島津珍彦肖像。島津家関係の群像写真【写真13】【写真14】と同じ時に１人で写した写真と思われる。

多い。これは今泉島津家にもこの写真と瓜二つの忠欽、珍彦の写真があること。（註4）また日本橋で「金沢丹後」という菓子屋をやっていた金沢家に、名前が明記されて残されていたガラス撮り写真に写る忠欽と珍彦に酷似していること。（註5）島津家本家元当主島津忠重の証言などもあり、まず忠欽と珍彦でよいのだろう。

　蛇足ながら【写真13】が貼られた同じアルバムに、〝en Prince de Satsouma〟「シマス」と書いた写真【写真15】も貼られている。これも島津珍彦で間違いないと思われる。【写真13】では袴は隠れて見えないのだが、髷や羽織や刀の下緒《さげお》など同じに見える。背後の腰板、敷物が【写真13】と同じであり、【写真15】も同じ日に浅草大代地の内田九一写真館で撮影されたものと判断できる。

　5番目の人物は不詳とされることが多いが、島津本家特有の顔とされ、島津久敬（ひさゆき）は島津忠斉（久光5男）としている。

　左端の腕を組んだ人物は、坂本龍馬になったり伊藤博文になったり、はたまた大久保利通となったりするが、今のところ不詳である。

小沢健志氏によるとこの写真は「大正末、昭和の戦前と西郷写真として数回〝新発見〟されており、その都度否定されてきた曰く付きの写真であった（註6）」とのこと。

ところが『写された幕末3』（編集兼発行者塚原誌清一、昭和34年、アソカ書房発行）で、塚原安子が、またぞろこの人物を西郷隆盛と断定したことからまたひと騒動あったようである（註7）。塚原の論拠の一つは、塚原が福井の松平春嶽文庫の秘蔵アルバム中から見つけた写真だった。6人の肖像のうち中央の2人だけをトリミングした名刺判写真があり、裏面に松平春嶽自身が書いたと思われる筆跡で、「島津、西卿吉之助」とあったことだった。春嶽公のお墨付きがあるのだから間違いないだろうというわけである。後に「春嶽の筆跡とはあやしい。春嶽が西郷を西卿と誤って書くのはおかしい」との声も上がった。「いや昔はそう書いたのだ。坂本龍馬だって良馬と書いたものもある」という意見もあってもめたらしい。【写真14】の例もあり、写真の裏書きなどは後世に書かれた場合もあり、必ずしも正しくはないのである。

西郷説に反論したのは、郷土史研究家の勝目清（元鹿児島市長）であった。昭和40年『南日本新聞』、昭和41年『朝日新聞』などで数回、西郷隆盛の写真について解説している。勝目は島津忠欽、珍彦の甥に当たる島津忠重や、忠欽の子孫である島津節子や島津久敬を訪ね、西郷と称される人物が島津家侍医の小田原瑞哿《おだわらずいか》であることを突き止めたのである（註8）。節子や久敬は、祖母の明子（珍彦の長女）が戦前にこの写真を見て「この人は西郷でなくスイカというお医者さんだ」と言っていたという。

通称は一、緯は時雍、あだなは西瓜だった。「カボチャでなくて、実はスイカだったというのである」と『アサヒグラフ』（昭和43年3月29日号、朝日新聞社発行）「推理西郷隆盛クンの顔」にある。

また勝目によれば右端は島津忠欽の家来で家扶をしていた橋口半五郎とのこと。半五郎の孫の兼英は、幼児の頃に半五郎と同居しており、この写真の人物を半五郎だと確認したそうである。

次いで島津久敬が勝目説を裏付ける話を、昭和46年～47年に、『南日本新聞』や『歴史読本』（昭和47年、新人物往来社発行）に書いている。久敬の調べでも、右から橋口半五郎（忠欽家臣）、小田原瑞卽（珍彦の家臣で医者）、島津忠欽（久光4男）、久敬の曽祖父島津珍彦（久光3男）、久敬の祖母明子の父島津忠斉（久光5男）、不明（忠斉の家臣か）とのことである。子孫の方が言われているのだから、人物鑑定に間違いはないだろう。この写真は西郷でなく小田原瑞卽だと決着がついたと思われる。

しかし、その後も宇高随生（写真史家）は西郷唯一の写真であるという自説を変えていない。『大西郷謎の顔』（芳即正編著、平成元年、著作社発行）の中で「歴史写真考証の条件（西郷隆盛の真影）」という書き下ろし論稿を載せている。宇高は昭和40年頃、高知の旧家竹村家を訪れた時、西郷の書軸「児孫美田」を見せてもらった。西郷と大久保は明治4年鹿児島を出港し、長州で木戸孝允などを誘い1月17日土佐の高知に到着。山内豊範、板垣退助と会談した。薩長土の首脳者が会合し御親兵の創設を決めた所謂「高知会議」である。この時竹村家を宿舎とした。西郷の書はその際に当主の竹村与左右武智が揮毫を求めたものだそうである。その軸箱の底から宇高は竹村与左右武智の記した書き付けを見つけた。それは西郷一行が宿泊した様子を書き綴ったものだった。西郷の特徴も書かれていて、「耳筋ニホネミゾ無之もちを延ベタル如きめずらしきミミニテ御座候目方廿六七貫モ有之様見受申候」とあった。この証言記録の発見が、宇高によっては西郷説を不動のものにした要因であったようである。この写真の人物の耳が正に骨みぞの窪みがなくて餅を延べたような耳だと、写真を拡大して【写真16】主張している。

【写真16】 顔の部分を拡大したもの。耳がもちを延べたように見えるが。光線の加減でそのように写ったのかもしれない。

宇高は前節で、最近も坂本龍馬の妻お龍でないかと蒸し返されている女性の写真を芸者であると見破っているし、「歴史写真」という言葉を使うなど、いろいろ卓見を述べている。しかしこの写真の人物鑑定に関しては、書き付けの発見で西郷説に固執しすぎたのではないかと思われる。

ちなみに宇高説では、写真右から大久保市蔵（利通）、西郷隆盛、島津忠欽、島津珍彦、小野熊三郎（有栖川宮熾仁親王の宮小姓）、伊藤俊介

【写真17】　大礼服を着た大久保利通。キヨッソーネがこの写真を元にして大久保利通肖像を描いたとされる。長身であり、この写真を一見すれば【写真13】【写真14】の右端の人物とは別人と分かる。

（博文）とのことである。

私見を言えば、西郷は身長5尺9寸（178・5cm）、体重29貫（108・8kg）もあったと言われ、相撲取り程の大兵であった。写真左の珍彦は普通の体格だったという。明治初頭の日本人はみな小さかった。明治9年来日のドイツの医学者ベルツの調査では、日本人男子の平均身長は158cmとされる。明治25年来日の人体美学の権威T．H．シュトラッツは帰国後〝DIE KÖ PERFORMEN IN KUNST UND LEBEN DER JAPANER〟（『芸術と生活に見る日本人の体姿』）を出版しているが、それによると当時の日本人男性の平均身長は159cmとしている。平成20年の13歳男子の平均が159・8cmとのことだから、現在の13歳よりも少し低いのである。もし相撲取りに匹敵する体格の西郷がこの写真の中に写っていたら、とびぬけて大きいはずである。

そして右端は大久保利通ではない。大久保とすれば余りにも背が低い。大久保の身長は西郷と同じで5尺9寸だったと言われる。相当の長身である。ちなみに【写真13】の右端の人物と、大久保利通の【写真17】と比べてみていただきたい。2枚の写真は、顔と体の比率が違うのが分かる。【写真17】

の方がずっと長身である。【写真17】は岩倉使節で欧米を歴訪した際、ヨーロッパで撮影した肖像である。キヨッソーネがコンテ画を描いた元になった写真とされる。まだ叙勲されていない時なので写真には勲章がない。キヨッソーネのコンテ画には胸に勲章が付けられている。キヨッソーネが勲章を描き加えたのである。(註9)

先日、ある会合で曾孫の大久保利泰氏ご夫婦にお会いした。尚子夫人が「主人は大久保利通と同じ背丈で178㎝です」と話された。余談だが、その際に利泰氏からお聞きした話を書かせていただく。大久保利通没後100周年の昭和54年、鹿児島に中村晋也氏制作で「大久保利通像」の銅像が建立された。制作の下調べのため、中村晋也氏を大久保利泰氏が利通の眠る青山の墓地に案内されたことがあった。利泰氏は尚子夫人が言われた通り、利通と背丈がほぼ同じであり、容貌も髭を生やせばよく似ているそうである。中村氏は銅像制作の際、利泰氏の容姿が頭の片隅に残っていたのかもしれない。鹿児島に出来上がった利通の銅像は、利泰氏にそっくりだとよく言われたそうである。当然のことながら【写真13】の右端の人物と利泰氏と容姿は似ていない。

明治5、6年頃から、お土産写真を販売する店が台頭した。これは写真館を持たず、元勲や芸者などの写真を複写したものをブロマイドとして売る店であった。西郷説を唱える人は、ブロマイドとして売られた写真だから人気者の西郷隆盛に違いないと考えるようだ。しかし、「永山西郷」の項で触れたとおり、ドリック屋なるものもいた時代である。内田写真館で撮られた写真を複写して、「西郷ですよ」と言って売った店もあったのかもしれない。信じた客が【写真14】の如く、裏面に西郷隆盛と記すこともあったのであろう。

四　フルベッキ写真の中の西郷

長崎の上野彦馬撮影局で撮られた「フルベッキとその塾生」写真に、西郷隆盛が写っているとよく言われる。済美館の教え子と写したという計24名の記念撮影と、致遠館の学生達と計46名で写した記念写真の2枚である。

フルベッキはオランダに生まれ、1852年にアメリカに移住。オーハン神学校の選により安政6（1859）年に来日。横浜に来航したヘボンと、長崎に来航したフルベッキは、日本が開国してい ち早く来日した宣教師だった。フルベッキは済美館（安政4年に創設の語学伝習所がたびたび名称を変え幕末には済美館だった）や致遠館（佐賀藩が開設した英語学校）などで8年間教育に従事した。明治2年2月に大学南校に迎えられ上京。大学南校では教頭まで務め明治6年に退職。後に元老院顧問や華族学校講師などを歴任し、日本に永住する。

24名の方の写真は、西郷と言って売られたこともあるらしいが、その人物があまりにも小さく貧弱である。それに長崎歴史文化博物館所蔵の写真には、明治末年に書かれたらしい付記が残されていて、それには徳見常人と書かれているそうである（倉持基氏の調べ）。明らかに西郷ではないのでここでは省略する。

46人写し（通称フルベッキ写真）の方【写真18】は、明治28年、雑誌『太陽』7月号に写真が掲載されたのが初出だという。その後何度か紹介されているが、注目を浴びるのは昭和48年と51年に、肖像画家の島田隆資が『日本歴史』（吉川弘文館発行）に、写されている人物を同定する論文を発表してからだという。撮影年代は慶応元年とされた。それが元になり、最近になっても46名全員の名前を明記した写真や陶板写真が売り出されたりしている。勝海舟、後藤象二郎、大久保利通、黒田清隆、寺島宗則、中岡慎太郎、坂本龍馬、大村益次郎、桂小五郎、明治天皇といった錚々たるメンバーが写ったことになっている。慶応元年に長崎に居た可能性のある人物を当てはめていったのであろう。中央フルベッキの左後ろに立つ大きな顔の人物が西郷隆盛なのだそうだ。

数年前、それを信じ、「額に写真を入れて売り出したいのですが、鑑定書を書いていただきたい」と私のところに頼みに来た人があって仰天したこともある。

フルベッキ写真を調べている慶応義塾大学の高橋信一氏によれば、「明治元年10月に鍋島閑叟を頼ってきた岩倉具定（岩倉具視次男）・具経兄弟（岩倉具視三男）の面倒を命じられた久米邦武が、フルベッキに預けることにして閑叟の侍医である相良知安に長崎に送らせた。致遠館では彼らを歓迎し、フルベッキが長崎を離れることもあり、記念撮影を撮ったのではないか」と言われる。撮影は明治元

【写真 18】　フルベッキとその塾生。通称フルベッキ写真と言われる。中央後ろの顔の大きな人物が西郷隆盛だとされるのだが。長崎の上野彦馬の写真館で明治元年の撮影と思われる。現在、鮮明な写真が産業能率大学と横浜開港資料館に収蔵されている。これは産業能率大学所蔵の写真。

年10月23日から11月19日までの間と推測されているそうだ。

フルベッキの左右、中央部のよい場所で写っている若い二人の人物は、岩倉具定（右）と具経（左）であることは確かであろう。それは私のところに所蔵する森有礼旧蔵アルバムと島津又之進旧蔵アルバムにある写真で確かめられる。岩倉具定【写真19】【写真20】と岩倉具経【写真21】【写真22】の写真が2枚ずつあり、その二人と酷似している。明治3年にアメリカのニュージャージーで撮影した写真である。写真を並べて掲載するので比較していただきたい（『上野彦馬歴史写真集成』（2006年、渡辺出版発行）の倉持基氏の執筆でも行っているが）。

高橋氏が新たに同定できた人物はネットで見ていただければよいと思うので、ここでは述べないが、フルベッキの左にいる子供はエマだという。次女のエマ・ジャポニカ（Emma Japonica. 1863. 2. 4–

【写真19】　森有礼旧蔵写真貼にある岩倉具定（具視次男）の名刺判写真。

1949）で、生後10数日で死亡した長女の名前と同じである。フルベッキ写真が明治元年末の撮影だとすれば、当時5歳なので辻褄が合う。これまで長男のチャールズ（Charles Henry William. 1861. 1. 18–1930）と言われていたのだが、チャールズであれば明治元年には7歳となり、写真はちょっと幼すぎる。

高橋氏は『明治の若き群像　森有礼旧蔵アルバム』(註10)に掲載の「フルベッキと家族」【写真23】の写真を見てエマであると確信されたそうである。明治11年に2回目の帰国をする前に、浅草瓦町の九一堂萬寿写真館で写したと思われる写真である。フルベッキの右後ろに経つのがエマで、この時は14～15歳となっているが、フルベッキ写真に写る子供の頃の面影をまだよく留めている。

高橋氏をもってしても、西郷隆盛とされたフルベッキの後ろに写るごつい顔の人物が、誰であるか

【写真20】　島津又之進アルバムにある岩倉具定の名刺判写真。

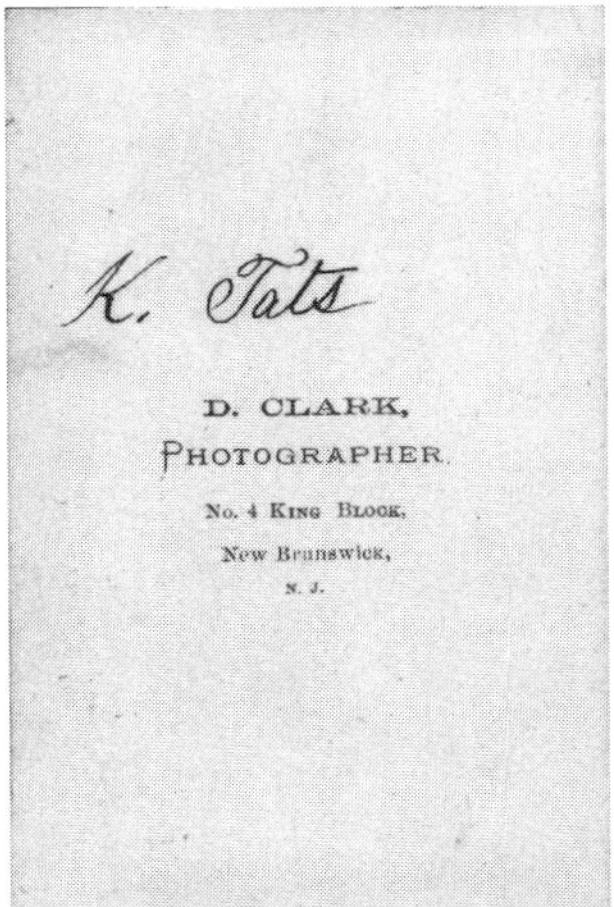

【写真22】 島津又之進アルバムにある岩倉具経の名刺判写真。

【写真21】 森有礼旧蔵写真貼にある岩倉具経（具視三男）の名刺判写真。

【写真 23】「フルベッキと家族」後ろ中央に立っているのが長男のウィリアム。その右が次女エマ・ジャポニカ。かつては「フルベッキ写真」に写る子供はウィリアムとされていたが、この写真でエマの方が有力となった。明治 11 年の撮影。

はまだ同定できていないのであるが、西郷でないことはだけは確かである。

産業能率大学の上野一郎氏は『写真の開祖上野彦馬』に記載の研究論文で、長崎の上野撮影局は「早ければ慶応三年末から慶応四年にかけて、写場の大改造が行われていることがわかる」(註11)としている。フルベッキ写真は改造されてからの写場で写されたものである。慶応元年にはこの写場はまだなかった。島田隆資の慶応元年撮影説は消えたのである。

高橋氏の明治元年10月23日～11月19日の撮影説が正しいとすれば、西郷は明治元年の「東北戦争」に勝利し、越後から江戸・京都・大坂を経由して11月初旬に鹿児島に帰り、日当山温泉で湯治をしていた。「フルベッキ写真」撮影の時、長崎には居ないので写真に写っていることはないのである。

五　それでも現れる西郷写真

明治35年に長崎の『東洋日の出新聞』に「日本写真の起源」という連載記事がある。写真師上野彦馬の口述を記事にしたものである。その一節に「高杉晋作、坂本竜馬、西郷隆盛、伊藤俊介、大隈八五郎抔《など》いふ已《すでに》物故した豪傑、現時の元老達が居って、矢張り写真が珍しいので時々上野方へ来て写して居った」との記載があるそうだ。(註12)その記事が拠り所になり、上野彦馬は西郷以外の人物はすべて写している。それらの写真は存在するので、西郷の写真もあるに違いないと考える人もいる。

明治5年、明治天皇の西国御巡幸に随行した内田九一撮影の大坂造幣寮前で近衛兵が整列した写真【写真24】があるが、左端で錦旗を持つ男が西郷だとの説もどこかの地方新聞で報じられたりしている。西郷はこの御巡幸に随行していたので、そのような説も生まれるのであろう。

割に最近の平成3年にも角館《かくのだて》の旧家青柳家から西郷写真【写真25】が見つかったと騒がれたことがある。大礼服を着たその写真は痩せていて見るからに西郷とは思えなかったが、名前を削り取られた跡があり、西郷とする研究家も現れた。鑑定のため写真は東京大学の馬場章研究室に持ち込まれた。本書にも執筆している倉持基氏などにより、数多くの元勲写真と比較した結果、西郷説は否定され土

【写真24】「大坂造幣寮」近衛が整列し明治天皇のお出でを待っている。左端の人物が西郷と言われたことがある。明治5年5月、明治天皇の鹵簿《ろぼ》に随行した内田九一の撮影。

【写真26】 西郷隆盛銅像。故郷薩摩での狩猟姿であることも人気を呼んだ。いまなお上野の山のシンボルである。明治末の絵葉書。

【写真25】 角館の青柳家に残されていた肖像写真群の中にあって、何故か名前の消されていた写真。西郷ではないかと騒がれたが、尾崎忠治であることが判明。高橋佐知氏所蔵。

佐藩出身の尾崎忠治であることが判明した。明治19年に大審院長（現最高裁判所長官）になった人である。大礼服の形状や装飾も一致して、一件落着したそうである。

六　上野の西郷銅像

明治31年、上野の山に西郷隆盛の銅像【写真26】が建立された。彫刻界の重鎮である高村光雲の作品である（愛犬は後藤貞行の作）。高村は西郷とは会たったことがないので、やはり肖像画や西郷従道などを参考にして、西郷銅像を制作したものであろう。その除幕式が挙行されたのは12月8日のことだった。この時、西郷夫人の糸子が「宿んしはこげんなお人じゃなかったこてぇ」と洩らしたことが伝わり、顔が似ていないとの誤解が生じた。『樺山愛輔伝』にも「維新の三傑といわれるほどの西郷の銅像が、親しみやすい平服の形をとったのは、平民的な姿をしているイタリア独立の志士ガルバルジーの像から思いついた大山巌の主唱で、鹿児島での西郷の狩り姿をモデルにしたものだが、除幕するや、親族からは故人に似ていないとの評がでた(註13)」と書かれている。

そのあたりが尾崎忠治のような、丸ぽちゃ顔でもない肖像写真であっても、もしや西郷ではと疑われる一因になっているようである。

しかしながら西郷糸子は顔が似ていないと呟いたのではなく、このような浴衣姿では散歩しなかったという意味で言ったものらしい。

明治31年12月19日発行の『東京朝日新聞』に、「来会者およそ八百余名、山県・西郷・大山あるいは田中・芳川・山本・青木などの大臣、黒田・勝・土方・福羽・谷・榎本・九鬼・仁礼などの陸軍軍人、翁と親交のあった英公使サトーも出席した」とあるように、西郷と面識のあった面々があまた列席しているのである。もし銅像が西郷に似ていなかったのなら、これらの人物から文句の一つも出て当然だったと思われる。

七　ひときわ目立った西郷

本稿の最後は、10歳の童子のとき、1度だけ西郷南洲を見たことがあると言う徳富蘇峰が書いた新聞記事(註14)で締め括ることにする。明治天皇西国ご巡幸の際の熊本上陸は、小島《おしま》沖に碇泊した龍驤艦よりご上陸された。蘇峰は塾生一同と高橋街道の坪井川の堤に跪づいて奉迎したそうである。「陛下も馬上にて熊本へ向はせ給ふた。その後より南洲翁は黒き洋服に長き刀をぶらさげ、歩行にて供奉した」とあり、「西郷さんは大△△で、股ずれがするから、馬には乗れないといふ評判もあつた。(註15)何れにしても、供奉の中では、西郷さん只だ一人が輝いてゐた。されば年の割には早熟したる予が、如何に熱心に西郷さんを眺めたかは、申すまでもない」と書いている。そして「南洲の容貌」の項では、「西郷さんは百人の中に混つても、千人の中に混つても、如何に変装しても、『西郷此に在り』といふ看板を、その全身に負ふほどの特色をもつてゐた。身の丈は五尺九寸餘りで、殆んど六尺といふところである。カラーは十九半といふから、その首の太さも察せらるゝ。體重も二十九貫餘にて、殆んど三十貫に幾《ちか》つた。而して誰にも知られたる通り眉は飽迄濃く、大目玉であつて、しかもそれが黒水晶の如く光つてゐた。西郷菊次郎君の話に『誰でも父に接する時には、頭を上げて正面に彼を見得る者はなかつた』といふ程である」と述べている。

少年の頃とはいえ、実際に西郷を見た徳富蘇峰が言っているのである。西郷は威風堂々、100人1000人の中にあっても辺りを払う勢いがあり、「西郷此処にあり」とひときわ目立ったのである。もし写された写真があったなら、一目で「これぞ西郷」と分かるはずである。西郷かどうかと論議するような写真は、決して西郷ではないのである。

結局は西郷の写真は無いという平凡な結論になってしまった。読者の皆さま、小生の拙い文をさいごうまでお読みいただきありがとうございました。

〔註〕

註1　旧鹿児島宮之城藩主島津久治（島津久光2男）の長男。貴族院議員で男爵。

註2　ゼノア生まれのイタリア人の銅版画家。明治8年に明治政府に招かれ来日。大蔵省印刷局で銀行券、

印紙、公債のデザインや印刷技術の指導を行う。明治天皇などの肖像画も手掛ける。

註3　『日本写真芸術学会誌　平成17年度―第14巻・第1号―』に「内田九一写真鑑定術（写真館篇）」として投稿。

註4　『大西郷の謎の顔』（芳即正編著、平成元年、著作社発行）の勝目清執筆「西郷隆盛の写真と肖像」を参照。

註5　『写された幕末3』（編集兼発行者塚原誌清一、昭和34年、アソカ書房発行）116頁参照。

註6　『南北戦争百年　図説西郷隆盛』（昭和52年、講談社発行）の小沢健志執筆「西郷写真の謎は続く」を参照。

註7　『写された幕末1』『写された幕末2』は石黒敬七が著した写真集であるが、『写された幕末3』はアソカ書房が大名旧家などを回り、古写真を複写・編集した古写集であり、石黒敬七は序文と一部の写真を貸したに過ぎない。

註8　森　重孝著『薩摩医人群像』（春元堂書店、昭和51年発行）によれば、「小田原瑞哿（1823〜1888）は文政三年生まれ、通称は一、諱は時維、医者となり、はじめ清哿、瑞哿と改め、島津久光の三男珍彦の侍医となり、久光が亡くなられた翌年、明治二一年に六五才のとき死亡、重富の紹隆寺墓地に葬られた。丸顔で肥満型で、写真では西郷隆盛とまちがえられていた」とある。

註9　キヨッソーネが勲章を書き加えたことは、大久保利泰氏のご教示による。

註10　『明治の若き群像　森有礼旧蔵アルバム』（犬塚孝明・石黒敬章著、2006年、平凡社発行）の51頁に掲載。

註11　『写真の開祖　上野彦馬』鈴木八郎・小沢健志・八幡八郎・上野一郎監修、昭和50年、産業能率大学出版部発行の210頁に記載。
註12　『西南戦争百年　図説西郷隆盛』（昭和52年、講談社発行）の小沢健志執筆「西郷写真の謎は続く」を参照。
註13　この記述は『新装版　明治世相編年辞典』朝倉治彦・稲村徹元編、平成7年、東京堂出版の407～408頁に転載されている。
註14　「西郷南洲の再検討」という題名で蘇峰徳富猪一郎が連載している。父のスクラップに①～④まであった。紙名、発行年月日、何回連載されたかは不明。ベルリンオリンピック見物を兼ねた視察団の記事があり、昭和19年発行の新聞であることは分かる。蘇峰が社賓に迎えられていた『東京日日新聞』だろうか。
註15　西郷は流人生活の時に風土病（フェラリアか）に罹り、肥満し睾丸もはれあがったと、日下藤吾も『倒幕軍師平野国臣』（昭和63年、叢文社発行）で書いている。

明治天皇写真秘録

倉持　基

はじめに

明治時代は日本史上、最も肖像がもてはやされた時代であり、正に「肖像の時代」であった。政治家や軍人のような、著名な明治政府の元勲クラスの人々や財界人・資産家の多くは肖像画を作成し、さらには、国家に多大な功績を残した人々の肖像を配した記念碑も数多く建立された。十九世紀半ば、フランス・イギリスで発明された写真術はいち早く日本にも導入され、絵画や彫刻と比べて安価に手軽に肖像を作成できる写真技術によって、「肖像の時代」はさらに隆盛を極めることとなった。

明治天皇（一八五二～一九一二）の肖像はこうした時代の中にあって最も象徴的なものである。江戸時代までの古い体制を捨て、明治維新以降の新しい体制に合わせて変貌していく我が国の姿に合わせて、写真の中の明治天皇の顔貌や姿形も変化していく。

明治天皇の肖像写真は、大きく五つの時期に分けることができる。明治天皇の肖像写真において最も重要なのはやはり「御真影」であるが、「御真影」には二種類あり、二様の「御真影」が制作された時期には十五年の隔たりがある。その二種類の「御真影」を中心に、「御真影」の前の時期と後の時期、さらには、非公式な明治天皇像が撮影された時期、以上を合わせて五つの時期があったと考えられる。

一　隠し撮られた天皇写真

明治四年十一月二十一日から二十三日（一八七二年一月一日から三日）、明治天皇の最初の行幸（横須賀）の際、オーストリア人写真師、バロン・レイモンド・フォン・スティルフリード（一八三九～一九一一）は明治天皇一行を隠し撮りした【写真1】。日本の外務省はオーストリア公使に働きかけ、スティルフリードのネガ、および紙焼き写真を没収し、日本国内では天皇の写真を売ることができなくなったが、没収されなかった第二のネガで紙焼き写真を作り外国で販売した。この写真は「肖像写真」の範疇には入らない写真ではあるが、この写真の社会的、歴史的意味を考えると、この時期まで、天皇というのは、その姿を一般人が見てはならないもの、極めて恐れ多いものという認識であった。この思想はいかにも前時代的であったが、江戸時代までの一般的天皇観を強く引きずって

【写真1】　スティルフリードによって隠し撮りされた明治天皇一行（クリスチャン・ポラック氏所蔵）

いる。撮影者であるスティルフリードは、あやうく刑罰を与えられそうなところまで行き、時代が時代なら死罪もあり得たが、実際には当時は治外法権であり、罰せられることはなかった。明治政府がスティルフリードのネガと紙焼きを買い上げることによって、スティルフリードが撮影した写真が極力外部へ流れないようにしたのは、天皇の御姿は人目に晒してはならないとする伝統的な天皇観に基づいていた。

二　岩倉使節団と天皇写真

明治二年（一八六九年）、開成学校教師のギドー・ヘルマン・フリドリン・フルベッキ（一八三〇〜一八九八）は欧米への使節団派遣の必要性を明治新政府に建言する。その二年後の明治四年（一八七一年）、不平等条約改正の必要性、政治的思惑などから欧米への使節団派遣の機運が高まると、フルベッキは岩倉具視（一八二五～一八八三）から使節団派遣に関する相談を受け、政府高官より成る使節団の海外派遣が具体的に検討されるようになった。同年八月二十四日（一八七一年十月八日）、外務卿・岩倉具視は右大臣及び遣外使節団特命全権大使に任ぜられ、同年十一月十二日（一八七一年十二月二十三日）、岩倉使節団はアメリカに向けて横浜を出航した。

明治四年十二月六日（一八七二年一月十五日）、サンフランシスコに上陸した使節団一行は、その後、大陸横断特急に乗車し、明治五年一月二十一日（一八七二年二月二十九日）、首都・ワシントンに到着した。同年二月三日（一八七二年三月十一日）よりアメリカとの不平等条約改正交渉が始まったが、交渉は開始直後に頓挫する。アメリカ側は、国家間の条約交渉においては国家元首の正式な委任状が必要だという。使節団は明治天皇の委任状を持参しておらず、岩倉がいくら「私は天皇の信任を受けた全権大使だ」と口頭で主張してもアメリカ側は納得しなかった。国際的な交渉の難しさを知った一行は、政府の留守居役の面々を説得し天皇の委任状を受け取るために副使の大久保利通（一八三〇～一八七八）と伊藤博文（一八四一～一九〇九）を一時帰国させることにした。同年二月十二日（一八七二年三月二十日）、大久保と伊藤はワシントンを発ち、同年三月二十四日（一八七二年五月一日）に帰国した。この時、随員の小松済治《こまつせいじ》（一八四六～一八九三、二等書記官）を通して岩倉は宮内省に天皇の肖像写真作成を要請した。

当時、高位の階級や一定の共同体にある名士が挨拶時に自分の写真を贈与・交換する風習があり、王侯貴族や政治家、高官などが外交交渉を行う場合は元首の肖像写真を交換するのが慣例となっていた。写真の交換は国家間の友好を意味し、互いに平等に元首を確認する儀式的行為でもあったという。対外的に主権を象徴する国家元首としての写真が必要になった使節団は早急に明治天皇の写真が必要になったのである。

三　明治天皇の写真師

歴史上初めての公式天皇写真を誰に撮らせるのか。大久保、伊藤帰国後の数週間は大変な議論があったようだが、最終的には、当時国内トップクラスの写真師であった内田九一《うちだくいち》（一八四四～一八七五）に決定した。内田九一の選定には、明治四年二月（一八七一年三月～四月）に太政官御用掛・蜷《にな》川《がわ》式胤《のりたね》（一八三五～一八八二）の依頼を受けて、写真師・横山松三郎《よこやままつさぶろう》（一八三八～一八八四）と共に、旧江戸城を撮影したことがきっかけだったと思われる（蜷川式胤編、横山松三郎撮影、高橋由一《たかはしゆいち》着彩『旧江戸城写真帖』）。というのも、明治四年十月（一八七一年十一月）、蜷川式胤は外務省に移動して外務大録に任じられ、同年十一月（一八七一年十二月）の岩倉使節団の米欧諸国訪問準備御用を命じられており、そのことが明治天皇を誰に撮影させるかということに関係していると考えられるからである。

内田九一は当時日本有数の写真師で、浅草大代地に写真館を構えていた。長崎出身でオランダ軍医、ポンペ・ファン・メールデルフォールト（一八二九～一九〇八）に「舎密試験所」で化学を学んだ後、上野彦馬（一八三八～一九〇四）のもとで写真術を習得した。慶応年間には大阪で開業し、その後東京、横浜へと居を移して、明治三年頃には既に『東京諸先生高名方独案内』に名前が登場するほどの成功を収めた写真師であった。前記『旧江戸城写真帖』では主席写真師・横山松三郎の次席写真師として江戸城外の撮影を担当し、明治五年五月二十三日（一八七二年六月二十八日）から同年七月十二日（一八七二年八月十五日）にかけて行われた明治天皇最初の巡幸（近畿・中国・四国・九州巡幸）では御付写真師として同行した。

当時蜷川には〝お抱え〟の写真師として横山松三郎と内田九一の二人がいたが、初の天皇公式写真撮影者として選ばれたのは内田九一であった。この写真師の選定には当時の二人の撮影スケジュールが関係していた可能性があるが、二人の作風が蜷川の写真師選択に何らかの影響を与えたとも考えられる。

依頼を受けた内田は明治五年四月十二日または十三日（一八七二年五月十八日または十九日）に明治天皇と昭憲皇太后の写真を撮影する。この時の撮影日については諸説あるが、石井研堂著『明治事物起源』（初版本は明治四十一年刊行、現在はちくま学芸文庫所収）によると、『峡中（新聞）』第一号（山梨県において最初に発行された新聞で第一号は明治五年七月発行）に次のような記述があるという。「四月十二三日の頃、（甲斐国）巨摩郡高砂村の人与住巨川といふ者、東京滞在中、親族の需めによって、写真の為め浅草瓦町内田九一を尋ねたるに、其日は、皇上御写真に付、亭主不在の由にて、家内のもの引合ければ、今日は云々の事にて来る由を演べて、扨皇上御写真の事を問ふに、各国帝王の写真皆々売物に出る間、吾が皇上の御写真も、皇国は勿論、外国へも頒布なること也と答へければ、皇上の御写真を、数十枚頼み置きて帰りしとぞ」。明治五年七月の段階で、ここまでの事実関係を把握している記述からみて、この記事内容にはかなりの信憑性があると言えるだろう。

【写真2】 束帯姿の明治天皇像（明治神宮所蔵）

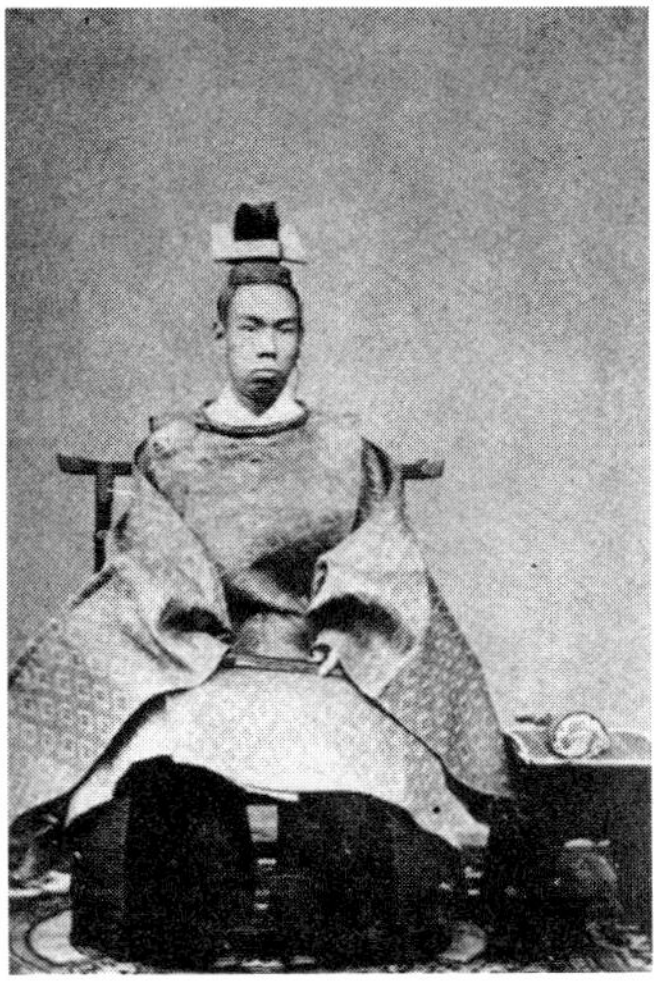

【写真3】 小直衣姿の明治天皇像（内田写真株式会社所蔵）

【写真4】　燕尾型正服着用の明治天皇像（柳原承光氏所蔵）

【写真5】　乗馬姿の明治天皇像（宮内庁所蔵）

さて、この時撮影された天皇の写真は束帯姿【写真2】と小直衣《このうし》姿【写真3】、和装の写真二種類であったが、近代国家の元首らしい洋装姿の天皇像を望んだ大久保と伊藤は、出来上がった和装姿の天皇写真に難色を示した。宮内省は洋装姿の天皇を撮影することを約束したが、大久保、伊藤が再渡米する同年五月十七日（一八七二年六月二十二日）までには間に合わなかった。その僅か数日後の同年五月二十日頃、内田は明治天皇を再撮影した。それは、初めての巡幸に合わせて同年四月七日（一八七二年五月十三日）に新調した燕尾型正服（洋装）を着用した明治天皇の上半身の肖像写真【写真4】と乗馬姿の全身像【写真5】である（この時点では明治天皇はまだ髷を結っていたため、髷を隠すかのように帽子を被っている）。これらの写真からは、旧時代の面影を残し、新しい世の中に戸惑う幼い天皇の姿が見て取れる。これらの写真は翌月、イギリスにいた岩倉らの元に和装姿の写真とともに届けられた。最終的に内田は同年九月三日（一八七二年十月五日）に英照皇太后を撮影し、同年九月十五日になって漸く四月撮影分の天皇写真と一緒に正式に宮内省に納品した。

四　内田九一の「御真影」

岩倉具視は使節団の外遊中、自らが目の当たりにした近代化された欧米の文明についての感想を書いた手紙を日本に送っている。その手紙には、岩倉自身が断髪・洋装した姿を写した写真を同封した。手紙を受け取った公家・大原重実《おおはらしげざね》（一八三三〜一八七七）は具視に倣って率先して断髪した。岩倉の

【写真６】「御真影」とされた洋装大礼服着用の明治天皇像（内田写真株式会社所蔵）

【写真７】その他の洋装大礼服着用写真①（柳原承光氏所蔵）

写真に影響を受けた天皇の側近である公家たちも次々と断髪し、日本の最も伝統的で古風な部分がビジュアル的に近代化し始めた。

ビジュアルの影響力は極めて強い。明治六年（一八七三年）三月二十日、ついに明治天皇が自ら断髪を宣言した。『明治天皇紀』に依ると、天皇の髷は一人の侍従によって切り落とされ、二人の侍従によって調髪された。天皇の断髪が新聞で報道されて以降、断髪する国民が後を絶たなかったという。

岩倉使節団は明治六年九月十三日、一年十ヶ月に及ぶ外遊を終え、帰国した。帰国の翌月、姿の変わった明治天皇の新たな「御真影」を作成するため、明治六年十月十八日、内田九一が三度宮中に召し出された。この時撮影されたのが【写真6】から【写真11】である（【写真10】と【写真11】は半身像）。【写真6】から【写真10】では、同年六月三日に正服として制定された洋装大礼服を着用し、洋風の椅子に腰を掛け、舟型の帽子を脇机において、口元にはうっすらと髭を蓄えている。この内、明治政府は【写真6】を「御真影」として下賜し始める。それ以外にも、内田は六種類のポーズの明治天皇像を撮影したことが現時点では知られており、とくに【写真11】では軍服（略服）姿の天皇像

【写真8】　その他の洋装大礼服着用写真②（宮内庁所蔵）

【写真9】　その他の洋装大礼服着用写真③（宮内庁所蔵）

も撮影していたことが窺える。【写真11】はバストショットのため、軍服の細部を見ることはできないが、旧多摩聖蹟記念館（東京都多摩市）に展示されている「明治天皇騎馬像」（【写真12】、後述の彫刻家・渡辺《わたなべ》長男《おさお》（一八七四〜一九五二）が昭和五年に制作したもので明治十四年の兎狩り時の姿を模したものだという）の軍服と同一のものである可能性が高い。

　また、前述の石井研堂著『明治事物起源』によると、この撮影の際、内田は和椅子に腰掛けていた明治天皇の姿勢を正すために御傍に寄り、天皇の頭に手を触れたという。当時は一般庶民が天皇の御身に触れることなど想像もできないことであり、この時、突然近侍の者が内田の無礼を責め、厳罰を加えると怒鳴った。しかし、明治天皇は微笑して「写真撮影の際はわが体といえども彼の手中にある。

【写真 10】 洋装大礼服着用の半身像（平山晋氏所蔵）

【写真 11】 洋装軍服姿の明治天皇像

咎めるには及ばない」と話されたと記されている。さらには、この時の撮影助手を上野彦馬の実弟で内田と親しかった上野幸馬《うえのさちま》（一八四一～一八九六）が務めたという逸話が上野家には残されている。

いずれの肖像写真も、断髪・洋装軍服姿となったその天皇像には、新しい体制を受け入れ、西洋化・近代化に意欲を見せる若き天皇の姿がある。明治天皇のそのイメージは明治六年当時の明治政府が思い描いていた新しい日本のイメージだったに違いない。また、この写真は一般に売り出されたアルバムにも収録され、さらに初代五姓田芳柳によって肖像画としても描かれている。明治天皇の姿形が日本近代化の象徴となった時期であった。この時制作された内田撮影の明治天皇像は明治二十年代まで人々の天皇イメージを支配した。

【写真12】　渡辺長男制作の明治天皇騎馬像（昭和5年、旧多摩聖蹟記念館所蔵）

【写真13】　第二の「御真影」（石黒敬章氏所蔵）

五　キヨッソーネの「御真影」

【写真13】は明治二十一年（一八八八年）一月、大蔵省印刷局雇のエドアルド・キヨッソーネ（一八三三〜一八九八）によって描かれたコンテ画を写真師・丸木利陽《まるきりよう》（一八五四〜一九二三）が写真撮影したもので、この肖像が新たに「御真影」とされた。内田九一作成の明治天皇像から十五年が経過し天皇の相貌が変化するとともに、明治十九年（一八八六年）には新しい軍装も制定され、従来の「御真影」では各国の王侯貴族に贈与するには適さなくなっていた。また、翌明治二十二年（一八八九年）に大日本帝国憲法の発布を控え、新しい国家像を立ち上げる必要が生じた明治政府は新しい天皇像の制作をキヨッソーネに依頼した。しかしながら、明治天皇は写真を好まず、新しい御写真の撮影を奏上しても聞き入れなかった。時の宮内大臣・土方久元《ひじかたひさもと》（一八三三〜一九一八）は、写真嫌いの天皇を撮影するのではなく密かに筆写することを考え、明治二十一年（一八八八年）一月十四日、芝公園弥生社行幸の日に天皇の姿を至近距離からスケッチすることをキヨッソーネに命じた。キヨッソーネのスケッチは直ぐにコンテ画に描き改められることになるのだが、行幸の際、明治天皇は正装軍服姿ではなかったため、筆写できたのは主に顔貌のみで、天皇が正装軍服を身に付けたイメージはキヨッソーネ自身で想像するしかなかった。キヨッソーネは天皇の正装軍服を自ら着用して写真に収まり【写真14】、この写真を基に明治天皇像を完成させた。完成したキヨッソーネのコンテ画を当代有数の写真師となっていた丸木利陽が写真化し、新たにこの写真が宮内省によって下賜されて行くことになる。

しかし、キヨッソーネの明治天皇像が直ぐに内田の明治天皇像に取って代わったわけではなかった。明治二十一年七月十日、「東京朝日新聞」が創刊された。発祥の地が大阪であった朝日新聞が東京に進出してきたこの時期、時事新聞、郵便報知新聞、東京日日新聞、朝野新聞、毎日新聞、読売新聞など、既に東京では大手有力新聞社がしのぎを削っており、後発となった東京朝日新聞は読者獲得のた

【写真14】 天皇の大礼服を着用したキヨッソーネ（お札と切手の博物館所蔵）

【写真15】 明治22年頃制作のコンテ画（明治神宮所蔵）

【図1】東京朝日新聞創刊号絵付録「貴顕之肖像」（明治21年7月10日付東京朝日新聞より）

め、思い切った作戦に出た。創刊号第一面冒頭の「社告」は創刊について僅か三行述べただけで、後は、この日添付した別紙絵付録「貴顕之肖像」の説明にほとんどを割いたのである。

別紙絵付録「貴顕之肖像」とは、大礼服を着用した明治天皇の半身肖像【図1】で、パリ帰りの洋画家・山本芳翠（一八五〇～一九〇六）が下絵を描き、同じくパリ帰りの版画家・合田清（一八六二～一九三八）が西洋木口木版に彫刻したものであるが、【図1】を見れば明確なように、これは内田九一の天皇写真を基に描かれた肖像画である。この時期、天皇・皇后の肖像は市販を禁止されていたため、それを憚って「貴顕之肖像」と題したものである。『朝日新聞社史』（朝日新聞出版）には「予め宮内省の了解を得たものであろう」とあるが、実際のところは謎である。

いずれにしても、「貴顕之肖像」と題されていたにもかかわらず、人々は直ぐにそれが明治天皇の肖像であることを理解したようで、この絵付録は異常な反響を呼び、追加注文が殺到、ついには木版が摩滅して用を為さなくなり、同年十月には原版を彫り直して再版を発行するに至った。市中には石版刷りの粗末な偽物まで出回るほどであったという。キヨッソーネ版の明治天皇像が出回り始めた時期はまだこのような状況であった。

その後、キヨッソーネ制作の新たな明治天皇像は序々に「御真影」として定着して行ったが、コンテ画としてはもう一つのバージョンが知られており、明治二十二年（一八八九年）頃描かれたと推定される【写真15】の肖像画は伊藤博文家に所蔵されていたもので、博文没後の大正六年（一九一七年）、博文の長男・博邦から明治神宮に献納されたものである。更にキヨッソーネは明治二十六年（一八九三年）十二月には立身軍装姿の銅版画を作成している【写真16】。

この天皇像からは、欧米に追い付き追い越さんとし、西洋列強に比肩し得る存在であることを誇示する天皇のイメージが表出されている。明治三十年代に入ると、内田の明治天皇像に代わって、このキヨッソーネの明治天皇像が大衆の天皇イメージとして定着する。

六　「御真影」後の天皇像

明治三十年代になって漸く、内田の明治天皇像に代わって、キヨッソーネの明治天皇像が大衆の天皇イメージとして定着したが、明治政府が大日本帝国憲法を制定し、富国強兵政策を押し進め、二つの対外戦争に勝利したこの時期、明治天皇は「御真影」制定後初めての写真を撮られることになる。

日露戦争終結後の明治三十九年（一九〇六年）四月三十日、東京・青山練兵場で行われた陸軍凱旋

【写真 16】 銅版画の明治天皇像（明治神宮所蔵）

観兵式において、前年に改正されたカーキ色の陸軍軍服に初めて袖を通した明治天皇は馬車に乗って閲兵しているところを写真撮影された【写真17】。この写真は、帝国軍人教育会が写真師・小《お》川《がわ》一真《かずまさ》（一八六〇〜一九二九）に制作を依頼したものであり、陸軍大臣官房の許可を取った者に限り配布されたという（一般には非売）。

　この写真の主たる被写体は観兵式自体であって、明治天皇自身はここでは観兵式の構成要素ではあるものの天皇自身には照点は合っておらず、厳密には天皇の肖像写真とは言えない。しかしながら、「御真影」後に最初に撮影された明治天皇の写真が陸軍の主導で制作され、その写真が天皇の写真とはいえども天皇自身のイメージを主体としたものではないところに特別な意味があると言えるだろう。

　この後、陸軍は晩年の明治天皇の写真を四回にわたり撮影することになる。明治四十一年から四十四年（一九〇八年から一九一一年）にかけて、明治天皇は毎年十一月に陸軍の演習を統監している。【写真18】から【写真21】はそれぞれ、奈良県耳成山（明治四十一年）、栃木県那須村（明治四十二

【写真17】 明治三十七、八年戦役凱旋閲兵式（小川一真撮影、明治神宮所蔵）

年）、岡山県菅生村（明治四十三年）、福岡県下広川村（明治四十四年）での演習統監時に、統監部の依頼により陸軍参謀本部陸地測量部製図課写真班長・小倉倹司《おぐらけんじ》（一八六一～一九四六）によって撮影された明治天皇の写真である。写真嫌いの天皇に配慮し、撮影距離の近いもので四～五メートル、遠いものでは二十メートル以上離れたところから撮影しているため、画面中央に天皇が写ってはいるものの、天皇像はかなり小さい。特に明治四十三年と四十四年の演習では、天皇はテントの中に立つことが多く、撮影には相当の労苦を要したようで、天皇像は更に小さくなっている。

　これらの写真は明治天皇崩御後に一般公開され、写真を基にした絵葉書も制作されたが、特に重要なのは明治四十四年、福岡県下広川村演習統監時の【写真21】で、下向きの明治天皇の上半身部分

【写真 18】 奈良県耳成山演習統監時の明治天皇（明治 41 年 11 月撮影、明治神宮所蔵）

【写真 19】 栃木県那須村演習統監時の明治天皇（明治 42 年 11 月撮影、明治神宮所蔵）

【写真 20】 岡山県菅生村演習統監時の明治天皇（明治 43 年 11 月撮影、明治神宮所蔵）

【写真 21】 福岡県下広川村演習統監時の明治天皇（明治 44 年 11 月撮影、明治神宮所蔵）

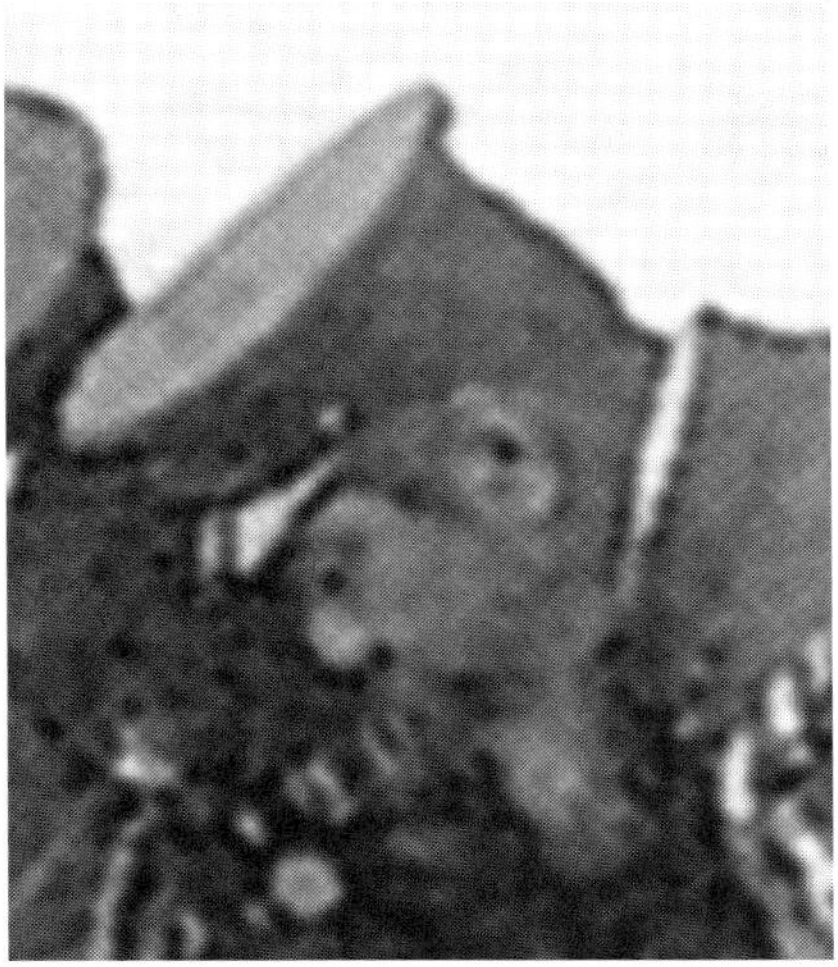

【写真22】 明治44年11月撮影写真のアップ

を切り出して【写真22】、顔の角度を変え、正面を向いているように調整された【写真23】が、明治天皇崩御後、「天皇晩年の写真」として新聞・雑誌等に掲載され、広く普及した。明治天皇の晩年の姿として制作された肖像は全てこの写真の影響を受けていると言っても過言ではない。

七　崩御後の天皇像

彫刻家・渡辺長男は明治天皇崩御後の大正元年（一九一二年）十二月、悲しみに暮れる昭憲皇太后（一八四九～一九一四）を慰める目的で、陸軍演習統監写真を基に、明治天皇の塑像を制作した【写真24】。更に大正四年（一九一五年）春、渡辺の塑像を基に洋画家・高木《たかぎ》背水《はいすい》（一八七七～一九四三）が肖像画を作成した。高木の肖像画は写真撮影され【写真25】、政府の重要人物に配布された。この写真から浮かび上がる天皇のイメージは、清・ロシアの大国に勝利し、近代国家としての威厳と尊厳に満ちた天皇の顔である。

肖像写真における明治天皇の顔貌・姿形の変化は明治時代の節目となる部分で発生した。明治天皇の相貌の変遷は、とりもなおさず、それらの時期における明治という国家が思い描いていた日本のイメージの変遷にほかならない。写真の中の明治天皇の外見と時代・社会との関連性を更に明確化することができれば、当時の日本のイメージを窺い知ることができるはずである。

【写真 23】「天皇晩年の写真」として崩御後に公表された明治天皇像（明治神宮所蔵）

【写真 24】 渡辺長男制作の晩年の明治天皇像（大正元年制作、明治神宮所蔵）

【写真25】　明治天皇御肖像（高木背水画、大久保利泰氏所蔵）

【参考文献】

・『岩倉使節団の比較文化史的研究』　芳賀徹編　思文閣出版　２００３
・『写真画論』　木下直之　岩波書店　１９９６
・『明治文化への誘い』　明治神宮編　明治神宮　１９９７
・『明治天皇の御肖像』　明治神宮編　明治神宮　１９９８
・『王家の肖像』　神奈川県立歴史博物館編　神奈川県立歴史博物館　２００１
・『ミカドの肖像』　猪瀬直樹　小学館文庫　２００５
・『天皇の肖像』　多木浩二　岩波文庫　２００２
・『幕末・明治の寫眞師　内田九一』　森重和雄　内田写真株式会社　２００５
・『断髪―近代東アジアの文化衝突』　劉香織　朝日新聞社　１９９０
・『明治事物起源6』　石井研堂　ちくま学芸文庫　１９９７
・『その時歴史が動いた31』　ＮＨＫ取材班編　ＫＴＣ中央出版　２００５
・『写真の開祖　上野彦馬』　鈴木八郎、小澤健志、八幡正男、上野一郎編　産業能率短期大学出版部　１９７

5
・『上野彦馬歴史写真集成』　馬場章編　渡辺出版　2006
・『お雇い外国人エドアルド・キヨッソーネとその時代展―キヨッソーネ来日100年を記念して―図録』　イタリア文化会館編　イタリア文化会館　1976
・『お雇い外国人エドアルド・キヨッソーネ没後100年展―その業績と明治の印刷文化―図録』　大蔵省印刷局記念館編　大蔵省印刷局記念館　1997
・「明治天皇『御真影』とフルベッキ写真の関係性を探る」　倉持基　『歴史読本』第53巻第3号　新人物往来社　2008
・「明治天皇写真秘録」　倉持基　『歴史読本』第54巻第3号　新人物往来社　2009
・『天皇四代の肖像』　毎日新聞社編　毎日新聞社　1999
・『明治天皇紀』　宮内省臨時編修局編　吉川弘文館　1968～1977
・『渡辺長男展―明治・大正・昭和の彫塑家―図録』　多摩市教育委員会社会教育課編　多摩市教育委員会教育課　2000
・『近代画説11』　明治美術学会編　明治美術学会　2002
・『明治天皇とその時代展―描かれた明治、写された明治―図録』　産経新聞社編　産経新聞社　2002
・『人間明治天皇』　栗原廣太　駿河台書房　1953
・『新訳考証日本のフルベッキ』　W・E・グリフィス著、松浦玲監修、村瀬寿代訳編　洋学堂書店　200
3

・『セピア色の肖像』　井桜直美、トーリン・ボイド　朝日ソノラマ　２０００
・『明治の若き群像』　犬塚孝明、石黒敬章　平凡社　２００６
・『幕末明治の肖像写真』　石黒敬章　角川学芸出版　２００９
・「『幻の行幸写真』を解く」平成十三年五月二十五日付朝日新聞（夕刊）記事
・『朝日新聞社史』朝日新聞百年史編修委員会　朝日新聞出版　１９９５

歳三の写真

土方　愛

はじめに

私は、土方歳三の実兄・喜六（諱は義厳）から数えて六代目の子孫にあたります。歳三は独身のまま戦死したことより、彼の遺品類や祭祀などは実家である当家にて代々受け継いでまいりました。自然、幼い頃より歳三に関する話を聞き遺品に触れつつ育ち、いつのまにか一番親しみの湧く先祖が歳三になっていました。

しかしながら、近いようで六代前の幕末期。私が成人するまでを過ごした歳三当時のままの生家も、平成になり建て替えられました。ふるさと日野の景色も開発とともに様変わりしていきます。そこで、このまま歳三の息吹がかき消されてしまわないようにと、近年は生家跡地に設けられた土方歳三資料館にて、時とともに風化していく遺品類や歳三の足跡を後世まで伝えるべく努めています。

そんな折、日本写真芸術学会の森重和雄先生にアドバイスをいただきながら、歳三の肖像写真に関して調べる機会を得ました。各肖像写真をご紹介しつつ、分かったことを記しておきたいと思います。

現存する土方歳三の肖像写真は、大別すると三種の写真（半身像・全身像・椿円写真）に分けられます。まず、椅子に腰掛けた状態で上半身を撮影した写真（以後「半身像写真」と記します）。次に、同じ服装で撮影された、足下から頭上までの全身が写っている写真（以下「全身像写真」と記します）。そして、椿円の枠の中に半身の肖像が写っている写真（以下「椿円写真」と記します）の三種です。

一　半身像写真について

私は半身像については、現在所在不明または滅失しているもの三枚、現存するもの四枚の合計七枚を把握しています。まずは書籍等よりその存在が確認されるものの現在その所在がつかめない三枚を、次に現存する四枚の半身像を順にご紹介します。

（一）尾佐竹猛『幕末維新の人物』【写真1】

尾佐竹猛の『明治文化叢説』（学芸社　昭和九年）のなかの「古写真の蒐集」の項には、明治時代のお土産写真屋が土方歳三の写真を土方久元と誤って販売していた事が記されています。この記述から、明治時代には歳三の写真を購入することができたという事実を伺い知ることができます。そして尾佐竹猛がどのようにして入手したのかは分かりませんが、同じ著者の『幕末維新の人物』（学而書院　昭和十年）という本の口絵写真には、歳三の半身像が掲載されています。

　この写真は頭上の余白部分が他の半身像の複写写真に比べて広いのが特徴的です。複写写真というのは、元となった親写真以上の余白部分を残す事ができないのです。ですから余白が他写真に比べて広いという事は、よりオリジナルに近いという事実を示します。また複写を示すようなバレ（複写のときに原本の枠が写り込んでしまった事により生じる複写線）もまったく写っていないため、ガラス湿板からのオリジナルプリントである可能性が高いと思われます。

　しかしながら残念なことに、この尾佐竹猛の所蔵していた歳三の半身像は、他の書籍・古写真等とともに昭和二十年に疎開先福井にて空襲に合い、全て焼失してしまったとされています。

【写真1】　尾佐竹猛『幕末維新の人物』学而書院より転載

ですから尾佐竹猛旧蔵の歳三半身像は、現在は『幕末維新の人物』に掲載された写真でのみ知ることができます。

（二）永見徳太郎編『珍らしい写真』【写真2】

永見徳太郎編『珍らしい写真』に掲載されている土方歳三半身像。これは、長崎の郷土史家であり写真史研究家でもあった永見徳太郎自身が収集した写真を集めた本なのですが、頭上の余白面積も広く画像も鮮明で複写線も見当たらない事より、鶏卵紙のオリジナルプリントであると見受けられます。写真の特徴としては尾佐竹猛旧蔵の写真とよく似ています。

彼の死後、そのコレクションは所蔵先を何度か変えていて、現在はその大部分が日本大学芸術学部写真学科の史料コレクションに納められています。しかし、日本大学芸術学部写真学科の高橋則英教授に確認していただいたところ、所蔵先を変遷するうちにコレクションの一部が散逸してしまったようで、現在土方歳三半身像は所蔵されていないとのことでした。残念なことですが、この写真がどこかに眠っていていつの日か再発見されることを願っています。

（三）永倉新八（杉村義衛）旧蔵　半身写真【写真3】

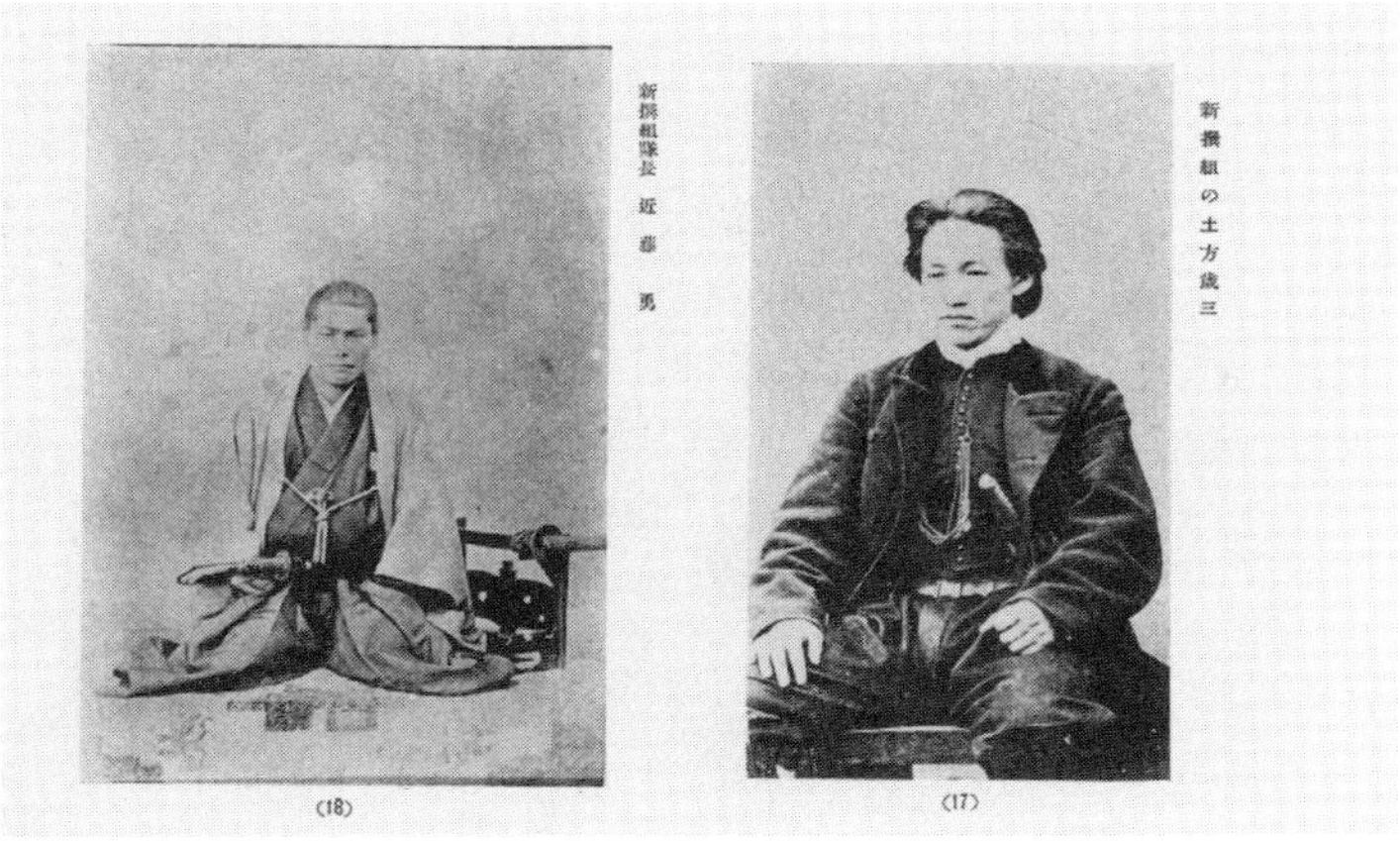

【写真 2】 永見徳太郎編『珍らしい写真』（土方歳三資料館蔵）より転載

【写真 3】『新撰組永倉新八』（土方歳三資料館蔵）より転載

この近藤・土方両名の写真は『新撰組永倉新八』に載せられている彼の所持していた写真です。これは杉村義衛（永倉新八）の十三回忌に私家本として二百冊が刷られ、関係者や新選組隊士の子孫筋等へ贈られたものです。後述の川村三郎のご子孫のお話によれば、この写真は、川村が複写した写真のうち一枚を、杉村が譲り受けた写真ということになります。しかし、掲載写真を見ると、川村三郎旧蔵写真【写真6】に比べて歳三の顔の特徴等が異なる印象を受けます。川村三郎旧蔵写真の歳三は、目元等が修正されたように端正なのですが、こちらの写真は平家の半身像【写真4】に近い印象を受けます。これは、果たして複写時のレンズの具合によるものなのか、それとも杉村が川村より譲り受けた写真とは別の土方歳三半身像写真を所持していたものかは、現在この写真が残念なことに所在不明となっているので分かりません。

杉村は戊辰戦争時に最後の箱館戦争までを新選組隊士らと戦い抜いた訳ではなかったのですが、晩年には、かつて同士だった者達の慰霊を精力的に行った人物です。板橋の駅前には、寿徳寺境外墓地として杉村が中心となって建立した近藤勇・土方歳三ら戦没者の供養塔が現在も建っています。

杉村の曾孫である杉村悦郎氏のお話によると、杉村は晩年、近藤の写真と歳三の写真を並べて台紙に貼り寝間に飾っていたそうです。こうした口伝からは、生涯忘れることのなかった戦友二人への彼の追悼の思いが偲ばれるようでもあります。

（四）平家蔵　半身像【写真4表、裏】

この写真には、下部にわずかに複写線が見られ、また右下部分に複写の際に親写真についていたと見られる黒点が見受けられます。

従ってこの写真はオリジナルプリントでなく複写写真ではあるのですが、無地で厚みの薄い洋紙の台紙に貼られているという点が、明治初期の台紙の特徴に当てはまることから明治初期の鶏卵紙写真であると思われます。保存状態もよく、画質も良好な貴重な一枚であるといえます。

この写真が平家にもたらされた経緯の詳細は伝わっていないそうですが、平家と土方家の関係を紐解いていくとヒントが見えてくるので、記したいと思います。

歳三の曾祖母が平家より当家へ嫁いできていることより、両家は親戚関係にあります。あまり濃い血縁関係とはいえないのですが、両家は徒歩十分程の近所だったことや、また当家の菩提寺である高幡山金剛寺の檀家総代を平家が務めていたことなどより、歳三にとっては身近で頼れる親戚家だったようです。歳三は幼少時より平家に親しみ、上洛してからも平家の忠兵衛、忠次郎に宛てて何度も手紙を認《したた》めています。平家の人々も歳三への弔意を込め、様々な行動をとりました。

まず、平忠次郎は歳三の戦死後、諸説あった歳三の埋葬地を確定するために、同郷の知人である加藤福太郎に函館にての現地調査を依頼しています。その調査結果がまとめられているのが「加藤福太

【写真４表】　土方歳三半身像（平家蔵）　サイズ 55㎜×90㎜、台紙サイズ 65㎜×108㎜

【写真４裏】

郎書簡」であり、明治二十五年に柳川熊吉等函館の関係人物に聞き取りをした内容が綴られています。【写真5】

また忠次郎は、明治十二年に当時明治政府で登用され活躍していた榎本武揚宅を訪ねてもいます。「歳三の親戚です」と告げると、榎本は「どうぞ表玄関からお入りください」と礼を尽くし迎えられたそうです。そして、目前にて書をしたためたのち、その書を床の間に飾ってお抱えの写真師を呼び、その書と忠次郎の写真を撮影してガラス湿板と書を手みやげに持たせてくださったそうです。その際に賜った御染筆とガラス湿板は現在も大切に保管されています。平家では、その後忠次郎が大鳥圭介など他の旧幕臣も訪ねましたが、その際に歳三の親類であると名乗ることで誰一人として嫌な顔をする者はいなかった、と代々言い伝えられているそうです。

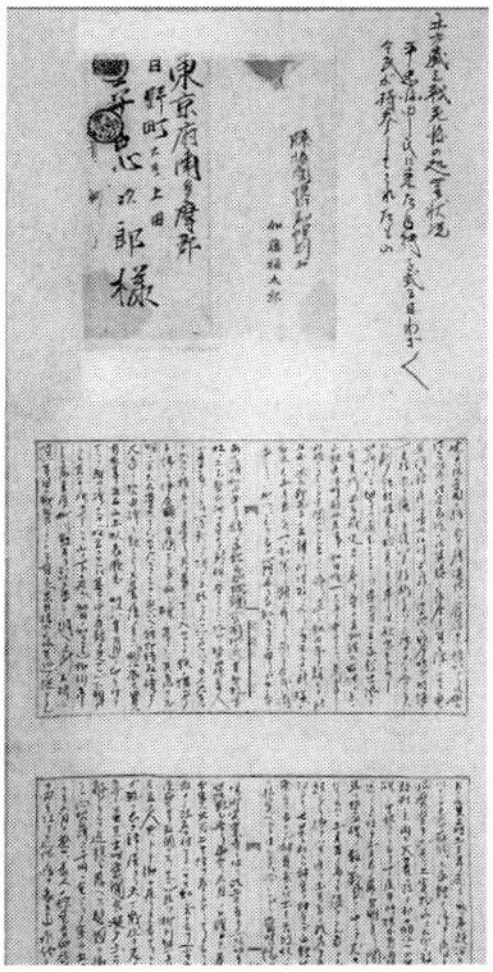
東京府南多摩郡
日野町大字上田
忠次郎様

【写真5】 加藤福太郎書簡（土方歳三資料館蔵）

これらの史実より平家が半身像を入手した可能性は、明治二十五年前後に加藤福太郎を介して函館より取り寄せたか、もしくは忠次郎が明治十二年に榎本武揚ら旧幕臣の元を訪ねた際にその旧幕臣達が所蔵する半身像写真を複写させてもらったものではないかと推察することができますが、それを決定づけるような周辺史料は存在しません。

歳三の死後にとったさまざまな行動から、平家の人々と歳三との深い絆、そして、その死を悼む気持ちの深さが想像できます。その弔意は世代を超えて受け継がれ、半身像写真は現在でも平家で大切に保管されています。

（五）佐藤家蔵　半身像

当家の親戚であり日野宿名主を務めた佐藤家に保存されている半身像がありますが、右下部分の黒点が平家の半身像と同じであるという特徴や、下部と右側に見られる複写線などより、平家半身像と同じ写真を親にもつ複写写真、もしくは平家半身像を親とする複写写真であることが分かります。写真は顔を真っ直ぐにする為に斜めに台紙に貼られていますが、台紙の下部には、他の写真が貼られていたか、もしくはその写真を貼り直した跡とみられる横線が視認できます。写真台紙の裏面には、

「伏見戦後亦會津義士遂趣函館
浜就中我推蒙豊義壮歳沈毅
或諸人京摂所向兵皆義勇歳末
無降志日本心長可掲異国橋辺
笑入地　土方歳三影
明治二年七月市村鉄之助函館ヨリ持参セシモノナリ」

と墨及びペンで記されています。

この前半の漢詩は、歳三の死後にその死を追悼して詠んだ漢詩人・大沼枕山の詩（大沼枕山書軸・土方歳三資料館蔵）の内容を写したもので、漢詩の原文は、

「伏見戦後又會津義士遂趣
函館浜就中我推義豊蒙
壮歳沈毅或諸人京摂所留
兵皆義勇歳末路無降志日
本心魂長可掲異国橋辺笑
入地　土方義豊歌　枕山」

となり、数カ所異なっています。

これは、前半の漢詩部分の墨書が佐藤彦五郎の息子である佐藤俊宜によるものです。そして、「土方歳三影　明治二年七月市村鉄之助函館ヨリ持参セシモノナリ」という後半のペン書きが、後年になって、俊宜の息子である佐藤仁により、佐藤家に伝わる逸話を元に追記されたものです。

（六）近藤芳助（川村三郎）旧蔵　半身像【写真6表、裏】

【写真６表】　土方歳三半身像（近藤芳助（川村三郎）旧蔵・現浅田家蔵）サイズ58㎜×93㎜、台紙サイズ67㎜×105㎜

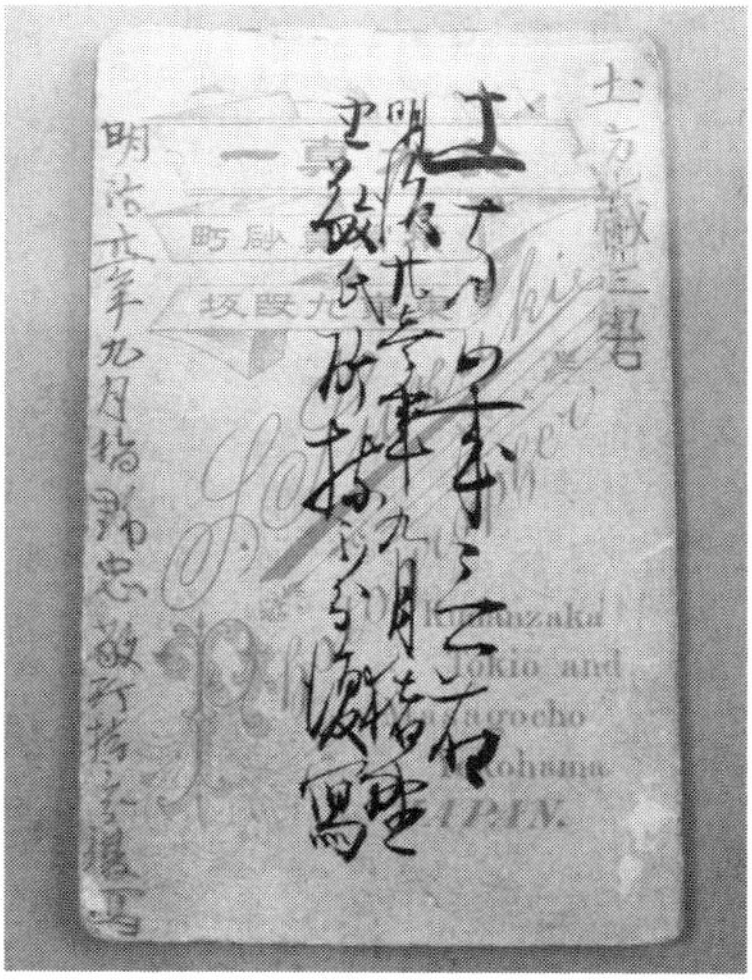
【写真６裏】

近藤芳助は新選組では伍長を務めた人物で、縁者には近藤隼雄がいます。そのご子孫が現在所有されているのは、松本良順が所持していたアルバムより複写した土方歳三の半身像写真です。

同じく新選組隊士であった猪野忠敬（久米部正親）が明治二十一年に松本良順より複写を許され、川村三郎が横浜の鈴木真一写真館で複写したものと伝わります。それは、写真台紙の裏書きに「土方年三君　明治廿壱年九月　猪野忠敬氏所持之分複写」と記されていることからも裏付けられます。複写された三枚の鶏卵紙は、それぞれ猪野、川村、そして杉村義衛（永倉新八）が保存するところとなりましたが、そのうち猪野と杉村のものは残念ながら現在では所在不明となっています。

この写真を最初に見た時、顔の部分が楕円写真【写真23】【写真24】の顔と良く似ているなという印象を持ちました。鈴木写真館にて複写する際に多少修正を掛けたのか、もしくは松本良順のアルバムに貼られていた写真そのものが顔の部分を修正したものだったのかは、現在松本良順の写真アルバムが所在不明の為に確認して判断することはできません。

（七）雑賀孫六郎旧蔵　半身像【写真7表、裏】

箱館戦争に参加した雑賀孫六郎より子孫へと伝えられた土方歳三の半身像。所蔵元の一瀬家にはこの他に榎本武揚の肖像写真も伝わります。現御当主の幼少時には坂本龍馬のお腹に手を入れたポーズの肖像写真も所蔵していたというお話でした。この半身像の写真の来歴の詳細は不明だそうですが、会津藩士であった一瀬家、分家の雑賀家は箱館戦争時より明治二十年頃迄函館に在住していましたので、在函当時に入手したと考えるのが自然でしょう。

この写真は、平家蔵半身像と同様のごく薄い無地の洋紙に貼られており、裏面には「土方歳蔵写真」と旧字体にて右上に鉛筆書きが、そして左下には「一瀬氏」と墨書きがされています。そしてこの写真は、他の半身像に比べてひとつひとつの線が格段に鮮明に表現されています。特に右下部分迄ピントがはっきりとしていて、クリアに細部迄が表現されているのが特徴です。

【写真７表】　土方歳三半身像（雑賀孫六郎旧蔵・現一瀬家蔵）サイズ 54㎜×94㎜、台紙サイズ 64㎜×105㎜【原寸大】

【写真７裏】

座っている椅子の木目ばかりだけではなく、例えば他の写真でははっきり分からない、左腕の袖口から白いシャツが覗いている様子や、左足の膝下で切りかえしのあるブーツの上部に鋲が数カ所打たれていること、右胸に二つ目のボタンがあることまでが視認できます。これらは他の半身像写真ではっきりと確認できず、その鮮明度の違いは一目瞭然であります。

この写真こそ、現在確認されている唯一のガラス湿板からのオリジナルプリント半身像です。特に印象的なのは、その優しげな歳三の表情です。幼少時より毎日仏前にある歳三の肖像写真に手を合わせて育った私でしたが、この写真のあまりの鮮明さに、まるで新たな歳三写真を見るような感銘を受けました。また、一瀬氏に初めてこの写真を見せていただいたとき、当時の歳三の姿を克明に現しているその姿が、厳しい戦場下にありながらもかくも穏やかな表情であったことが、子孫である私をどこかほっとさせてくれました。そして、この写真に巡り会えたことを心より感謝したものです。

二　全身像写真について

全身像については、現在所在不明の一枚と現存する四枚の計五枚を把握しています。半身像と同様に、まず現在所在不明となっている一枚、次に現存するもの四枚の順でご紹介します。

【写真8】『日本写真全集1　写真の幕開け』（日本写真協会）より転載

（一）『日本写真全集1　写真の幕あけ』の口絵写真【写真8】

『日本写真全集1　写真の幕あけ』（日本写真協会）には、北城浩司氏所蔵として土方歳三の全身像が掲載されています。

この写真はオリジナルプリントである吉野家所蔵の全身像に比べて、頭上の空白が同じか、もしくはより広く写されています。またどの辺にも複写を示すバレはありません。これらより、この写真が複写写真ではなく、オリジナルプリントである可能性が高いことが推測されますが、現在この写真は所在不明で現物を見て判断する事ができません。

（二）吉野家蔵　全身像【写真9】
（三）土方家蔵　全身像1、2【写真10】【写真11】
（四）平家蔵　全身像【写真12表、裏】

全身像は四枚の写真の現存が確認されています。そして、これらには吉野家蔵全身像がオリジナルの鶏卵紙プリントであり、他の三枚が吉野家蔵全身像の複写であるという親子関係が存在します。次ページの四枚の写真をよく見比べていただきたいと思います。親である吉野家蔵全身像に写るプリントの表面が白く剥げた部分は、他の三枚と見事に一致しています。この子にあたる三枚はサイズもほぼ一致しています。また、森重先生の鑑定によると、この三枚は印画紙の質から判断して少なくとも明治二十年代以降のものだという事です。

従って、土方家蔵全身像二枚と平家蔵全身像一枚は、吉野家の鶏卵紙プリントを明治二十年代以降に、同時に複数枚複写したものだということになります。

【写真 9】 土方歳三全身像（吉野家蔵、写真提供：日野市立新選組のふるさと歴史館）

【写真 12 表】 土方歳三全身像（平家蔵）サイズ 40㎜× 65㎜、台紙サイズ 65㎜× 108㎜

【写真 10】 土方歳三全身像 1（土方歳三資料館蔵）サイズ 41㎜×69㎜

【写真 12 裏】

【写真 11】 土方歳三全身像 2（土方歳三資料館蔵）サイズ 40㎜×72㎜

三　全身像写真伝播のルーツ

では、そのオリジナルプリントの全身像はどのように吉野家へともたらされたのでしょうか。

吉野家の全身像が伝来した理由については「本田退庵が来函した際に入手し吉野泰三に原板写真を譲った」、もしくは「吉野泰之助が函館にて入手した」という二つの可能性が考えられます。

（一）可能性その一　明治二十年の本田退庵の函館への慰霊の旅

当家の家伝では、全身像は「本田退庵が明治初期に函館に赴いた際、現地で手に入れ、『こんな写真も残っていたよ』と当家に手みやげに持参したもの」とされています。

本田家と当家は親戚関係にあたります。代々市河米庵流の書家を輩出した本田家に、上洛前の歳三もしばしば書を習いに通いました。その際は本田家十一代覚庵に師事したということです。十三代退庵は、そんな歳三の生前を知っていた人物でした。旅好きでもあった退庵は、下谷保村の名主職を退いたあとは、交流のあった漢詩人の大沼枕山、小野湖山と三人で歳三の慰霊の旅に出かけたのです。

この函館行きを裏付ける史料が二点存在します。一点目は、本田退庵が土方歳三の墓参りをする為函館に赴いた際の雑記をまとめた「北遊雑記」で、そこには墓参をした明治二十年当時の碧血碑の様子が詳細にわたって図で画かれています。そして二点目は、そこに記された草稿を元に退庵が晩年に書き上げた「歳三への弔歌」です。【写真13】

書き出しに「丁亥初冬余偶探晃山松洲之諸勝遂遊函館弔土方歳三墓慨然詠長歌」、つまり、「丁亥初冬、余、偶々晃山・松島の諸勝を探り、遂に函館に遊び、土方歳三の墓を弔い、慨然として長歌を詠ず」とあります。

末尾には、榎本武揚（雅号：梁川）、大鳥圭介（雅号：如楓）も言葉を寄せ、この漢詩軸を書き上げるまでにそれら二人とやり取りがあったことも伺わせます。

そして、この旅行の少し後、多摩の自由民権運動の指導者である吉野泰三の書簡の草稿集「尺牘案」（三鷹市教育委員会発行）に興味深い記述を見ることができます。

「拝啓過日は汽車にて尊顔を得しも親しく芳話に接するを得ず、遺憾此事に御座候、無異御帰国雀躍不堪欣抃、定而御漫遊中ハ塵外之佳賞多かるへく、速に拝趨御窺申上度と存居候、且豫而御旅行中御約束も有之長崎にて御珍本御座候由是非此品も拝覧仕度乍思一日々々と遅延、（中略）明治廿二年七月二十五日　本田定年君」と、函館や京都等の長期旅行から無事戻った本田退庵（定年）と吉野泰三が汽車の中で出会い、今度は旅の話をしよ

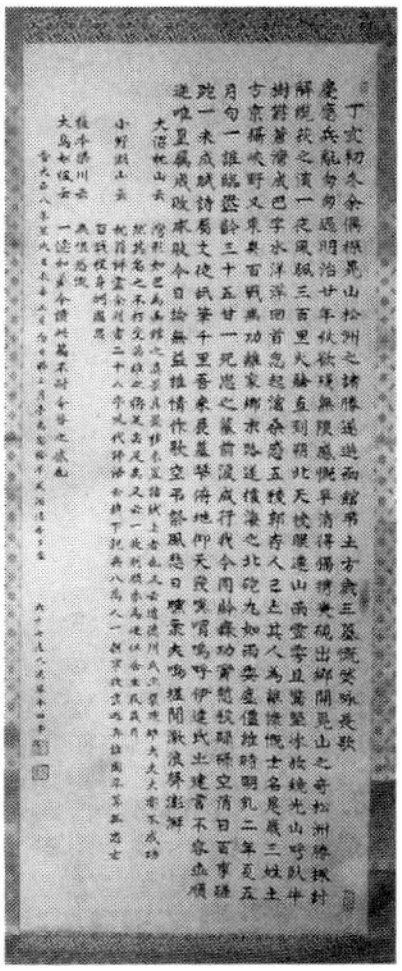
【写真13】　本田退庵書軸（土方歳三資料館蔵）

うと約束した旨が書かれています。

多摩の豪農・名主の家同士は、江戸時代より複雑な婚姻関係で結ばれていて、特に自由民権運動の盛んであった明治前期は活発な交流がありました。本田家、吉野家、土方家も直接、間接の縁戚関係でつながっていましたので、吉野泰三も本田退庵もそれぞれ北の地で散った縁者・歳三に特別の思いを寄せていたことでしょう。退庵は道中の出来事などを泰三に語ったでしょうが、その際歳三の全身像写真を入手したことを泰三に伝えていれば、この日記の記述に出てきそうなものです。しかしここでは、長崎で見つけた「御珍本」には触れているものの、写真に関する記述は見当たりません。

加えて、もし退庵が明治二十年の函館にて歳三の全身像を入手したのであれば、本田家にて全身像を何枚も複写し、吉野家、土方家などへその複写を贈ったのだと考えられます。その場合、原本は本田家に伝わるべきですが、実際には原本は吉野家に伝わっています。退庵が泰三に原本を譲ってしまうとは考えにくいことから、私は、退庵が函館にて全身像を入手したという可能性は低いと考えています。

(二) 可能性その二　明治三十年代の吉野泰之助の北海道自転車旅行

全身像入手のもうひとつの可能性は、明治三十年代前半に自転車で北海道旅行をした吉野泰三の息子・泰之助が松村弁治郎から入手したとするものです。吉野家の口伝では全身像写真はこの時に吉野家にもたらされたとされています。

松村弁治郎は、元は北多摩郡西府村本宿（現・府中市）出身の自由民権家で、吉野泰三の片腕として奔走した人物。松村は明治二十四年に函館にほど近い桧山郡館村字城岱に入植して、内地と北海道を幾度も往復しながら三多摩の壮士として活動を続け、農場経営に成功しながら明治三十四年には初の北海道議員選挙にトップ当選しています。

泰之助の妻ゆきは糟谷家出身であり、糟谷家に養子に行った土方歳三の兄・糟谷良順の娘にあたります。つまり、泰之助の妻は歳三の姪であるということになります。そんな血縁者を妻に持ったからなのか、泰之助は函館では何かと顔の利く松村弁治郎を頼って、歳三の遺品を探して歩いたそうです。そうして入手したものに、歳三の所持刀「大和守秀国」があります。【写真14】

この刀には、刀の出自を示す内容が後から刻まれています。表銘は「大和守源秀国」、裏銘は「慶応二年八月日」。そして後から切られた銘には「幕府侍土方義豊戦刀」「秋月種明懇望帯之」「秋月君譲請高橋忠守帯之」とあり、土方歳三から秋月種明が譲り受けたものを高橋忠守へと譲った旨が刻まれています。松村弁次郎が誰からこの刀を入手したのかは明らかでありませんが、入手後に「土方義豊氏戦刀寄贈之記」を書き添えて泰之助へと贈っています。「土方義豊氏戦刀寄贈之

【写真14】　大和守秀国　銘部分（個人蔵）

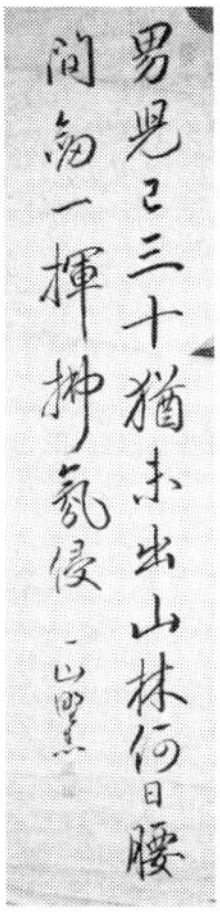

【写真15】　吉野家書１（土方歳三資料館蔵）

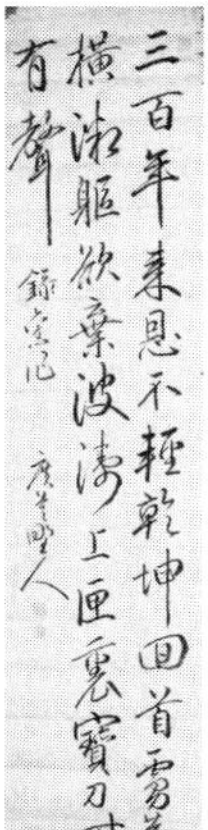

【写真16】　吉野家書２（土方歳三資料館蔵）

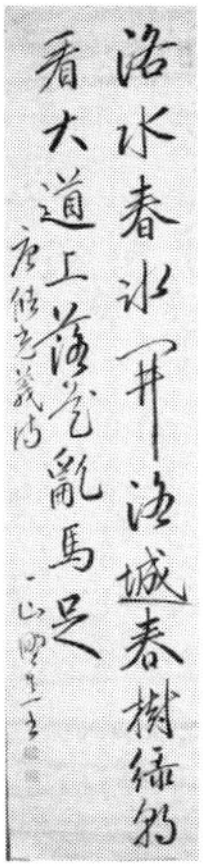

【写真17】　吉野家書３（土方歳三資料館蔵）

記」は、現在ゆきの実家・糟谷家に保存されています。また、大和守秀国も現存しています。

この遺品探しの際に泰之助が刀と一緒に全身像の写真も入手して持ち帰ったという吉野家の口伝は、写真そのものに関する周辺史料はないものの、同じ時期に持ち帰った刀にはそれを裏付ける確たる史料が存在していますので、信憑性が高いと思われます。またこの一連の遺品探しの話は、松村が若い頃は本田家にもしばしば出入りしていた関係から、吉野家のみならず本田家にも伝わっているそうです。

近年文書の整理をしている際に、落款などより、吉野家より贈られたとみられる書を三枚見つけました。なぜこの書が当家にあるのか不思議でしたが、全身像の写真とともに贈られた可能性もあると考えています。これは、その書の由来を示す資料が見つかりませんので詳細は不明であり、あくまで参考までに記しておきたいと思います。【写真15】【写真16】【写真17】

∴

結論としては、全身像は吉野泰之助が明治三十年代に函館で入手し、函館にて、もしくは東京に持ち帰ったのちに複写がなされ、土方歳三生家にその複写が何枚かもたらされたと考えられます。その後、当家で歳三の埋葬地について親身に調査をしてくれていた親戚の平家にも写真を届けたのでしょう。

退庵が持ち帰ったという当家の口伝については、函館行きを示す内容の退庵の弔歌が伝来していた為にそのような話が生まれたか、もしくは吉野家から当家に複写写真がもたらされた際に仲介をしてくれたのが退庵だったとすれば、退庵のおかげで写真が贈られたという部分のみが強調されて語られるうちに、事実が混同されて退庵が持ち帰ったこととされてしまったというのが真相かと推測しています。

四　全身像写真のGK台紙について

平家の写真は「PHOTOGRAPHER　GK　JAPANARTIST」と金文字で刻印された台紙（以下「GK台紙」と記す）に貼られています。【写真18】

当家の全身像二枚も、同様に同じ台紙に貼られていました。昭和期に整理の都合上別のアルバムに

【写真 18】 GK 台紙拡大写真

【写真 19】 『歳三の写真』（草森紳一著・新人物往来社：昭和 53 年）より転載

貼りかえたために、写真部分のみを台紙から剥がしています。現在台紙はありませんが、台紙に貼られていた状態の写真が『歳三の写真』という本の装丁に使われているので確認ができます。GK台紙の写真も現在アルバムに貼られた写真【写真10】も顔の横に黒点があるので、同じ写真だと分かります。【写真19】 ちなみに、当家の写真も平家の写真も、何故か逆さまに台紙に貼られています。

私は、オリジナルである吉野家の全身像をいつどこで複写したかについては、まず、このGK台紙を調べることが必要だと考えました。以下、GK台紙に関してまとめておきます。

（一）GKというイニシャルの写真師

このGK台紙を使用した古写真は、他にも数点確認されています。

明治二十九年八月九日に釧路で木村藤太が撮影した「コロナ（皆既日食）写真」（ピーボディ博物館所蔵）、「某駅構内の写真」【写真20】や「旭川駅前の風景写真」【写真21】（共に石黒敬章氏所蔵）、その他にも人物を写したポートレート等が見つかっています。サイズは、名刺判と手札判があり、色も赤い色の紙に黒文字で型押しした台紙、白地に金文字で型押しした台紙、濃い臙脂《えんじ》色の地に金文字で型押しした台紙など数種類のバリエーションがあります。

最初は撮影された場所が特定できる釧路や旭川の写真が複数存在する事より、GK台紙は北海道内の「GK」もしくは「KG」というイニシャルを持つ写真師の手により複写されたのではないかと推

【写真 20】　某駅構内の KG 台紙写真（石黒敬章氏蔵）

【写真 21】　旭川駅前の KG 台紙写真（石黒敬章氏蔵）

察しました。吉野泰之助は全身像を入手すると直ちに、この既に郷里では有名な半身像とは違う、珍しいカットの写真を親類に手みやげにしようと、函館周辺の写真館にて複写を行ったのではないかと考えたのです。

そして「木津幸吉」や田本写真館の後継者であった「木村研」などが候補に挙がりましたが、木津は年代が合わず、木村も「きむらげん」と発音しなければイニシャルが一致しません。

そこで次に、写真師の範囲を東京にも広げて探してみました。吉野家の全身像は白く剥げてしまった所が数カ所あります。そこで、写真についている傷は入手時にはなく、旅路ですり切れたものだろうと考えました。帰郷して、傷のついた写真を持参し東京にて複写を行った可能性もあります。そして東京では「小林玄洞」「金丸源三」「具足屋喜兵衛」の候補が挙がりましたが、それぞれイニシャルが一致するのみで、特に確定できる要素は見つけることができませんでした。

（二）ＧＫ台紙が既製品台紙だった可能性

ＧＫ台紙については、石黒敬章先生より貴重なご意見を伺いました。「『ARTIST PHOTOGRAPHER』と型押しされた台紙は、『写真は芸術である』という風潮が出てきた明治三十年少し前から流通した既製品の台紙であって、ＧＫ台紙と似たようなデザインの既製品が多数あるので台紙屋の方も調べてみてはどうでしょう」とご教示いただきました。

【写真22】『セピア色の肖像』（井桜直美氏）より転載

そこで早速調べてみると、確かに同様の趣の既製品台紙が当時相当量流通していたのです。オリジナル台紙を作成するまでもない小さな写真館は、当時流通していたこのような既製品台紙を購入して使用していたのです。【写真22】

しかしＧＫ台紙の場合、中央部に「ＧＫ」という何かを示すアルファベットが刻まれています。これは、台紙屋の称号を冠したものか、もしくは既成デザインに写真師が自らのイニシャルを加えて台紙屋にセミオリジナル台紙として発注したものかとも考えられます。

また、浅沼商会には「キング」という台紙商品が古くから存在しています。更に、浅沼商会の浅沼氏が明治十三年には北海道へ赴き田本研造を訪れていて、田本は台紙を浅沼商会に注文していたこと等の事実より、浅沼商会の商品「ＫＩＮＧ」を省略して「ＫＧ」と印字した可能性はないものかとも推測しました。そこで、明治中期の写真雑誌の広告や商品名の記載された古チラシ等を調べましたが、現在までにＧＫに一致する台紙屋の称号や商品名は見当たりませんでした。

∴

結論としては、GK台紙に関しては既製品台紙である可能性が高いものの、「GK」というアルファベットの意味が判明しない限りは、その由緒が特定できません。従って、その台紙を使用して複写をおこなった写真館の場所や複写した人物の特定は難しいということになります。このGK台紙に関しては、今後も地道に調査を続けていきたいと思っています。

【図１】 本稿の土方歳三肖像写真　一覧表

	写真番号		現存の有無	プリント来歴	備考
半身像7枚	1	尾佐竹猛旧蔵	×	不明	＊焼失。 尾佐竹猛『幕末維新の人物』（学而書院、昭和10年）の口絵写真
	2	永見徳太郎旧蔵	×	不明	＊所在不明。 永見徳太郎編纂『珍らしい寫真』（粹古堂、昭和7年）に掲載
	3	永倉新八旧蔵	△	不明	＊杉村悦郎『新選組永倉新八外伝』（新人物往来社、2003年）に掲載
	4	平家所蔵	○	複写	
	—	佐藤家所蔵	○	複写	
	6	近藤芳助旧蔵	○	複写	
	7	雑賀孫六郎旧蔵	○	オリジナルプリント	
全身像5枚	8	北城浩司氏所蔵	△	不明	＊小沢健志編集『日本写真全集1 写真の幕あけ』（小学館、昭和60年）本体表紙右下に掲載
	9	吉野家所蔵	○	オリジナルプリント	
	10	土方家所蔵1	○	複写	
	11	土方家所蔵2	○	複写	
	12	平家所蔵	○	複写	
楕円写真2枚	23	函館市中央図書館蔵1	○	不明	
	24	函館市中央図書館蔵2	○	不明	

五　楕円写真について

楕円写真【写真23表、裏】【写真24】についてですが、半身像や全身像と比べると、歳三の目元や鼻筋、輪郭などが非常にくっきりとしていると感じられます。

古写真研究家の森重和雄先生には、「複写する際のレンズ等の具合により、顔全体がやや太って見えたり、すっきりとやせて見えるということはままあること」と伺いましたが、これはレンズの影響等ではなく、明らかに右目の瞳の部分の位置が修正されています。ですからこの楕円写真は、複写作業の時に「縦楕円の枠」を加え、目や顔の輪郭等細部を修正したものだということが分かります。おそらく大量にプリントする為に、楕円の枠をかぶせて顔を修正した複写用の原板が制作されていたのでしょう。

【写真24】　土方歳三楕円写真（函館市中央図書館蔵）

この楕円写真は、プリントされた紙焼きのみが二枚現存しています。そしてその二枚ともが函館市中央図書館に収蔵されています。

来歴は、それぞれ異なります。榎本釜次郎（武揚）、荒井郁之助、人見勝太郎など旧幕府軍十人の肖像写真が

【写真 23 表】 池田種之助寄贈土方歳三楕円写真（函館市中央図書館蔵）

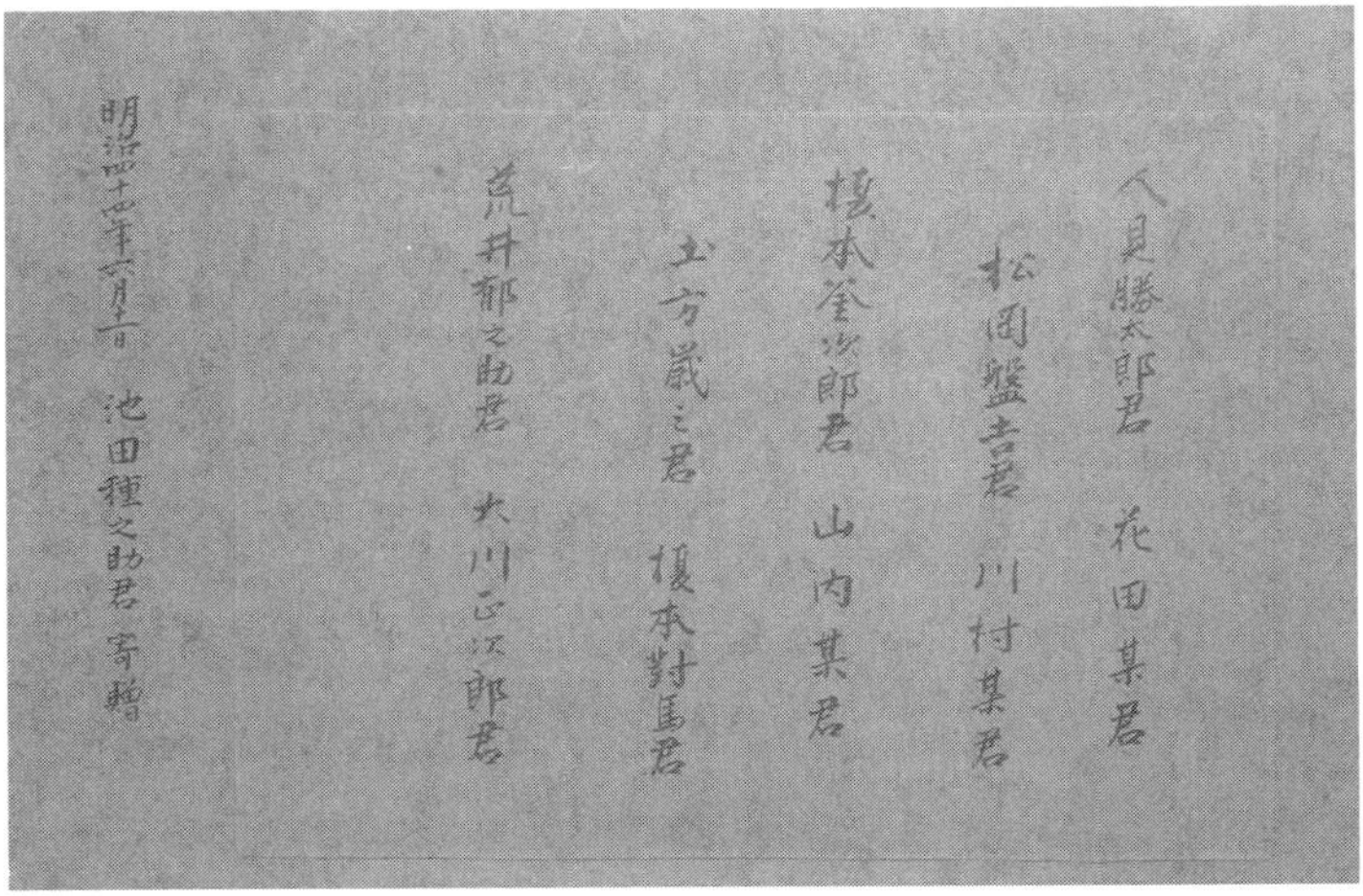

【写真 23 裏】

大きな一枚の台紙に貼られた【写真23】は、写真師・田本研造の高弟であった池田種之助が、明治四十四年に現在の函館市中央図書館の前身をつくった岡田健蔵に寄贈したものです。台紙裏には、各肖像の人名とともに「明治四十四年六月十一日池田種之助君寄贈」と記されています。

そしてもう一枚は「箱館市中取締　裁判局頭取　土方歳三」と印字された紙の貼られた台紙に歳三のみの写真が貼られた【写真24】です。こちらの来歴は未詳です。ただし、この二枚の印画紙の質はそれぞれ異なっていますので、異なる年代にプリントされたものと考えられます。

この楕円写真は、同じ原板の半身像の一種（修正複写）と位置づけることができますので、結論として、土方歳三肖像写真は「半身像」「全身像」の二ポーズが撮影されたということになります。

六　ガラス湿板について

歳三の写真のガラス湿板は、半身像、全身像ともに現在所在不明です。本来湿板は、撮影した写真館にて保存するか、撮影後にプリントした鶏卵紙写真とともに客に渡してしまうかどちらかとなります。撮影者のことはまた後で詳しく述べますが、撮影者が田本研造であったとする場合、田本写真館が数度火災に見舞われた際に多数あったガラス湿板は焼失していますので、その際に歳三の半身像、全身像のガラス湿板も失われたと考えるのが自然です。しかし平成二十一年に、半身像写真のガラス湿板が未だ現存しているかもしれないという情報を得ましたので、記しておきたいと思います。

数十年も前にご覧になったというその方のお話では、歳三のガラス湿板は桐箱に納められておりその桐箱上蓋の裏側に墨書きで「土方歳三真像　田本写ス」と書かれていたということでした。残念ながらそのガラス湿板はその後所在不明となっており、今回も随分と心当たりを調べましたが、なかなか有効な情報は得られませんでした。

しかしながら、田本写真館にて焼失してしまったといわれているガラス湿板が、現在もどこかに保存されているかもしれないという可能性を知ることができたのです。もしそれが事実であったなら、今後先祖の更なる「真像」に出会えるかもしれず、それだけでも今回の写真調査を行ったことが本当に報われる気がしました。

七　撮影者、撮影場所、撮影時期に関して

半身像、全身像における歳三の服装が全く同じであることなどから、二枚の写真は同日同場所にて同じ写真師により撮影されたと考えられます。では、「誰がいつどこで」土方歳三の写真を撮影したのでしょうか。

これは、研究家の間でも各説が論じられてきていて、決定的な確定要素を持つ一次史料の存在がな

いために周辺史料から慎重に考察していくしかありません。例えば、信頼のおける墨書きでこの写真が写真師・某《なにがし》によって撮影された等と記された鶏卵紙やガラス湿板の歳三肖像が発見されるなどという事になれば一番確証の高い史料となるのでしょうが、残念ながら現在そのような決定的な史料は見つかっていません。しかし次にあげた複数の事由により、私は、写真師・田本研造が明治元年十二月より翌年三月頃迄に撮影した可能性が高いと考えています。

（二）撮影者に関して

◇北海道立志編の記述◇

『北海道立志編第二巻』（明治三十六年十二月十五日発行）の田本研造の項には、「横山松三郎なる者ありて少しく写真術を会得せしを以て之に就て学び　自研自究先づ専ら写真器械製造に工夫を注ぎ漸く玉鏡及び箱を製造するを得たり　業未だ央ならざるに幕府の脱走士榎本釜次郎の部下氏の前を過ぎりて写真器械を製造するを見切りに撮影を求む」とあります。榎本の部下の実名は記されていませんが、旧幕府軍の兵士が田本に撮影を依頼した事が分かります。

◇田本研造の弔辞◇

田本は大正元年十月二十一日、八十一歳の生涯を終えました。二十三日付の函館毎日新聞の死亡記事には、喪主・田本胤雄（子息）、親戚・田本縈、池田種之助連名の死亡記事が掲載されています。

葬儀は二十四日東川町本願寺別院において執り行われましたが、その際写真師・紺野松次郎の読んだ弔辞は、「五稜郭の役あり　徳川の脱士等先生の写真の技を弄ぶを見て珍として争いて其門を訪ふ榎本泉州以下諸名士當年の小照今日に散見するもの皆先生神技の賜なり」というものでした。つまり、旧幕府軍の兵士達の肖像写真で今日見られるものは田本研造が撮影したものだということです。故人の生前を知る人々の列席する場にてその業績を偲んで言及されたのですから、真実である可能性は非常に高いといえるでしょう。

◇寄贈された楕円写真◇

田本研造の門人であった池田種之助は、明治四十四年に旧幕府軍十人の写真複写を岡田健蔵に寄贈しています。これは、当時池田種之助が通常撮影した写真師が所有する筈のその人物写真のガラス湿板もしくはオリジナルプリントの鶏卵紙を複写できた、ということを意味します。池田は明治四十一年に独立開業していますが、それ迄は田本写真館の営業主任であったため、田本研造が撮影した人物の複写写真を作製しうる環境にあったのだと考えられます。

なお、岡田健蔵は現在の函館市中央図書館の礎を築いた人物であり、彼の呼びかけにより明治後期より収集された古写真資料群は維新以降の北海道を語る膨大な古写真コレクションとして、現在も同館に納められています。

余談になりますが、この呼びかけに賛同し、当家でも所蔵していた歳三の肖像写真を昭和十三年八月二十七日に寄贈しています。ただし、現在の函館市中央図書館には収蔵されておらず、残念ながら火災や引っ越し等の際に紛失してしまったようだということです。これは当家に寄贈の感謝状が遺されていることと図書館の記録により知ることができますが、感謝状には「歳三の写真　一葉」とのみあるだけで、寄贈された写真が半身像だったのか全身像だったのかは知ることはできません。

◇同じ椅子の写る写真◇

歳三が座っている猫足の椅子ですが、同じ椅子と見られる椅子に写る旧幕臣らの写真が少なくとも五枚ほど見受けられます。川村録四郎の肖像写真、人見勝太郎の肖像写真、谷口四郎兵衛と角谷紀の肖像写真、箱館戦争の旧幕府軍幹部の六人の集合写真、鈴木吉三郎の肖像写真です。

【写真25】　まず、箱館戦争での旧幕府軍幹部（会計奉行）であった川村録四郎の写真をご紹介します。この写真は近年古書市のカタログに掲載されていたのですが、一番上に斜めになっている鶏卵紙が川村の写真です。ここで川村は歳三の座る猫足の椅子と同型の椅子に座っていることがわかります。

【写真26】　次に、谷口四郎兵衛と角谷紀の肖像写真です。ここにも同型の椅子が写っています。谷口四郎兵衛の肖像写真は現在もご子孫が所蔵され、その写真台紙の裏には、

「谷口四郎兵衛守成　新選組指図役
明治戊辰戦争ニ而函館江
行折市中ニ而宇津春」

【写真 25】 川村録四郎肖像写真（古写真カタログより転載）

【写真 27】 『旧幕府』 口絵写真（個人蔵）

【写真 26】 谷口四郎兵衛と角谷糺肖像写真（『新選組追究録』万代修、新人物往来社）より転載

【写真28】　人見勝太郎肖像写真（函館市中央図書館蔵）

（明治戊辰戦争にて函館へ行くおり市中にてうつす）

と書かれているということです。しかし、私は今回の調査ではご所蔵者様と連絡が取れず、直接写真を見て裏書きを確認した訳ではありませんので、ここには参考までに記しておくのみにします。

【写真27】そして、『旧幕府』の口絵写真です。五枚の写真がコラージュされているのですが、中央の写真が箱館戦争の旧幕府軍幹部の集合写真です。前列右に榎本総裁、その左隣には荒井郁之助が写っており、この荒井の椅子も同形の椅子であることが分かります。また、同写真左下の鈴木吉三郎の写真にも注目して下さい。鈴木の腰掛けた椅子も全くの同形です。

【写真28】　ここまでは、形が同じであるということを視認できるのみですが、決定的に同じ椅子であることが証明されるのは、最後の人見勝太郎の肖像写真です。人見勝太郎の写真は椅子の全体が写されていませんが、歳三半身像の猫足の椅子と細部を比べると、椅子の正面部分の足の間から見える木目が完全に一致しています。歳三の左膝に向かって「逆くの字」の形に何重にもなっている木目模

様の部分です。【写真29】【写真30】【図2】【図3】

【写真31】　ちなみに、人見勝太郎の肖像写真で大森停車場野中写真館にて複写されたものには、台紙に

「慶応四年函館戦争之時
魯国宣教司ニコライ館ニ於テ撮影ス
遊撃隊長　人見勝太郎　齢二十五歳」

と書かれており、歳三の写真の撮影場所を特定する際の参考になります。

◇同じ絨毯の写る写真◇

【写真32】【写真33】【図4】【図5】　オリジナルプリントである吉野家所蔵の全身像には、カーペットの模様が写し出されています。これと同じ絨毯が写っているのが、前述の『旧幕府』の口絵写真として掲載された鈴木吉三郎の写真【写真27左下】です。

◇結論◇

椅子とカーペットなどが共通していることより、旧幕府軍の一連の肖像写真の撮影を行ったのは同じ写真師であることが証明されます。そして私は、これまでの述べた事由により、その写真師とは田本研造であると考えています。

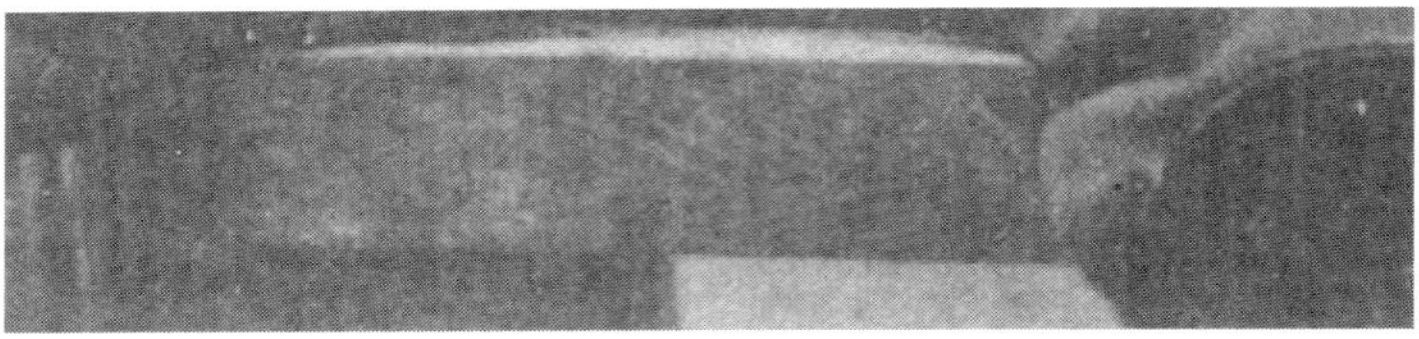

【写真 29】 椅子部分拡大（土方歳三半身像写真）

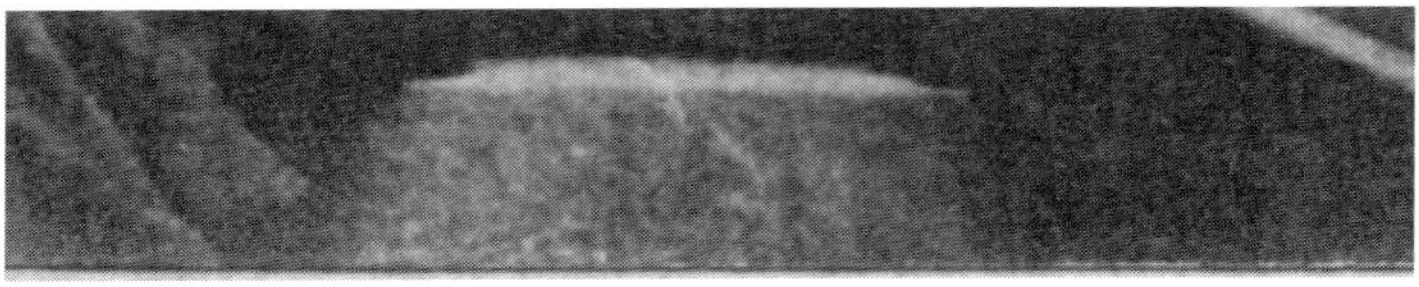

【写真 30】 椅子部分拡大（人見勝太郎肖像写真）

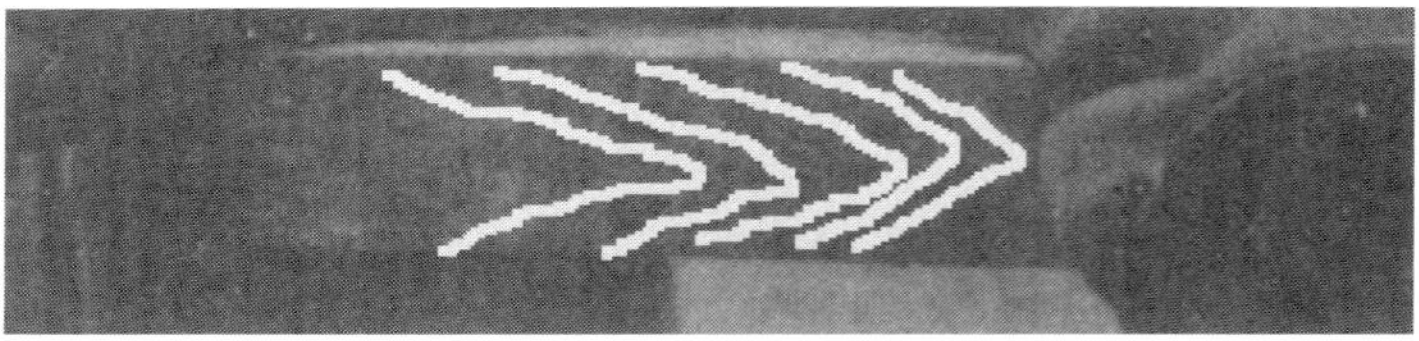

【図 2】【写真 29】の木目模様

【図 3】【写真 30】の木目模様

【写真31】 人見勝太郎肖像写真（市立函館博物館蔵）

（二）撮影場所

前述の紺野松次郎の弔辞によると、田本研造は明治元年に叶同館（現在の元町東本願寺函館別院近く）付近に露天写場を設けて開業し、同年中に会所町へと写っています。

撮影場所について、谷口四郎兵衛の肖像写真の裏書きには「函館市中」、人見勝太郎の肖像写真の裏書きには「魯国宣教司ニコライ館ニ於テ」、榎本武揚肖像写真の裏書きには「会所町田本写真師方ニ於テ」と書かれており、ぴたりとは一致しません。しかし、これら裏書きの中には榎本肖像写真の裏書きが後に片上楽天によって書かれたものであるなど、後年に記述されたものもありますし、田本が椅子やカーペットを持ち込んで複数の場所にて出張撮影を行った

【写真 32】　絨毯部分拡大（土方歳三全身像写真）

【写真 33】　絨毯部分拡大（鈴木吉三郎肖像写真）

【図 4】【写真 32】の絨毯模様

【図 5】【写真 33】の絨毯模様

かもしれません。従って、これら裏書きだけでは歳三の写真が箱館のどの場所で撮影されたのかは特定できません。

しかしながら、今後も椅子やカーペットに注目していくことで、同じ場所で撮影された他の写真が見つかり、何らかの更なるヒントを与えてくれることを期待したいと思います。

（三）撮影時期

歳三の写真は、明治元年十月二十日に鷲の木浜に上陸した旧幕府軍が五稜郭に入城してのち、箱館戦争の終結する明治二年五月までの間に撮影されたと考えられます。その期間の中でも、五稜郭平定前は戦もあり写真撮影に興じている余裕はなかったと考えられますので、蝦夷共和国の樹立宣言をした十二月十五日以降に新共和国幹部達が次々と記念に写真を撮影し、その流れで歳三も写真撮影を行ったと考えるのが自然です。冬期の箱館は雪に包まれるため、三月下旬の宮古海戦迄の間は大きな遠征等もなく歳三も箱館市中にて過ごしています。

そこで私は、歳三が写真撮影を行ったのは、明治元年十二月中旬より翌三月上旬までの間であったと考えています。

（四）撮影時の服装に関して

土方歳三肖像写真に写る服装については、軍装研究家である平山晋先生よりいただいたご意見が非常に参考になりました。

歳三の服装ですが、当時港に流入してきていた仏軍・米軍などの軍用品であると見受けられる洋装の上下を身につけ、その中に小さなボタンがたくさん並んだベストを着込んでいます。そのベストの上部五つ目と六つ目のボタン穴からは四本の鎖が掛けられています。そのうちの二本は懐中時計の鎖です。鎖の下の方にある丸い円形のものが鍵巻き時計の鍵になります。その他の二本の鎖に関しては、アクセサリーや小さな方位磁石等をぶら下げていた可能性が考えられます。

【写真34】【写真35】平山先生がご所蔵されている当時の軍装品を用いて再現してくださったのが写真の二枚です。当時は、見本写真のようにワイシャツの上から取り外しのできるスタンドカラーを取り付けることが一般的でした。人見勝太郎の肖像写真の襟元を見ると分かりやすいでしょう。ちなみに、見本写真の胸ポケットも歳三のベストの胸ポケットと同様の曲線を描いた形です。当時多く流通していた形なのだと分かります。

平山先生に最初にご意見を伺った時は、歳三の首元に覗いている白い布はマフラーではなく、当時の慣習より考えれば当然ステンカラーの襟でしょうとのことでした。首周りは白色で一体化して見え

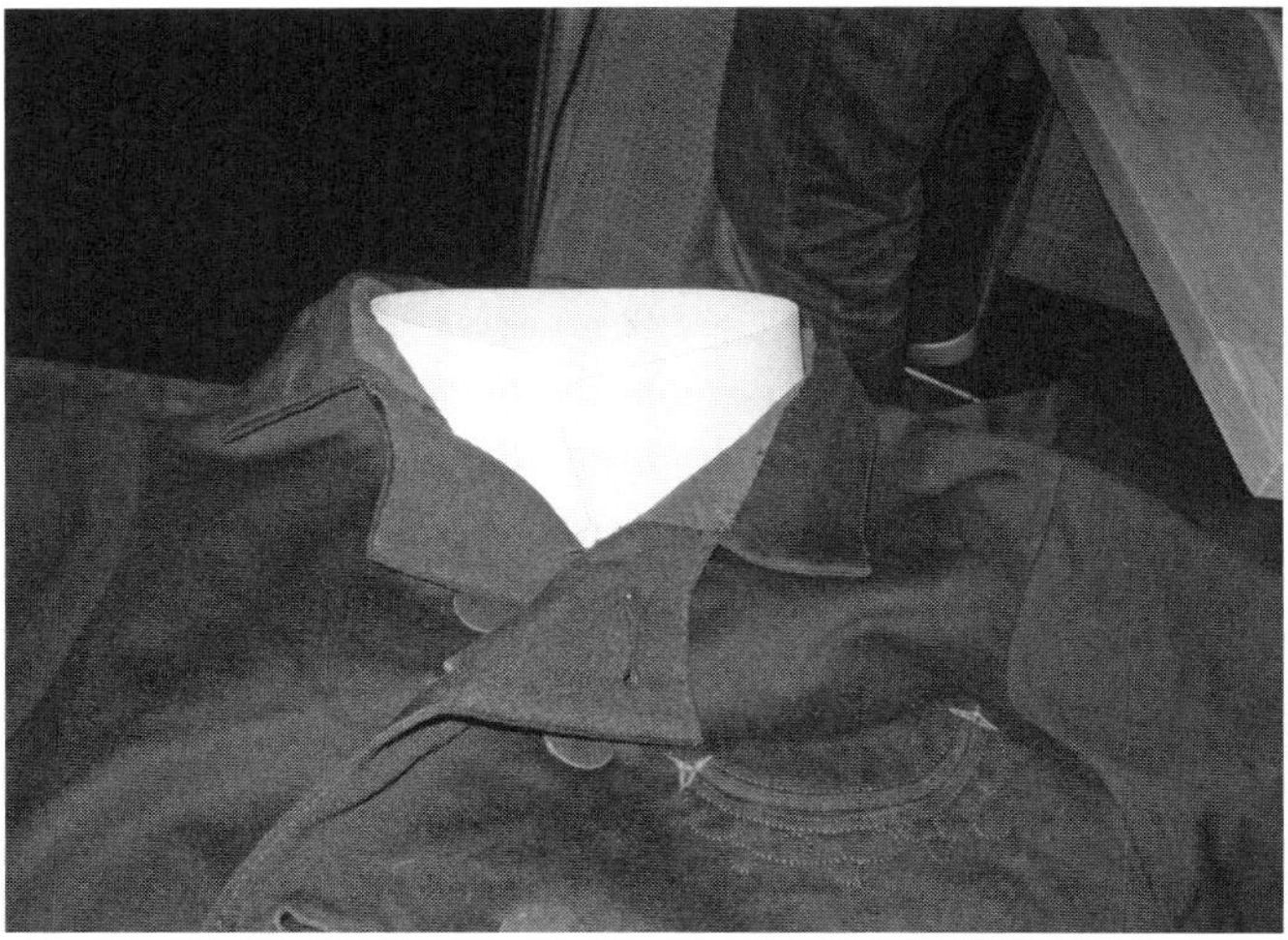

【写真 34】 幕末〜明治初期の軍装例 1

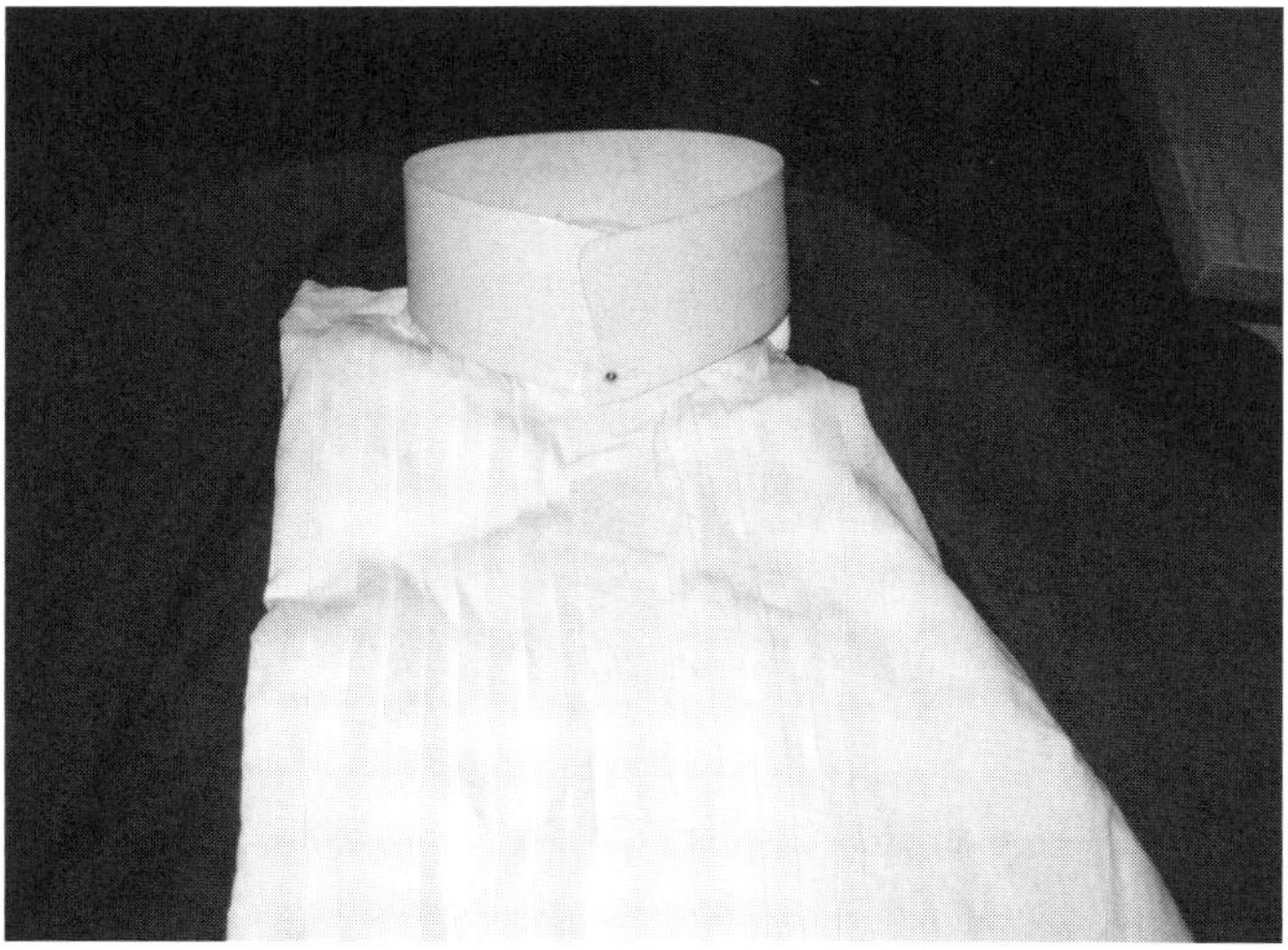

【写真 35】 幕末〜明治初期の軍装例 2

てしまう為に細部までが確認しづらく、平山先生はステンカラーの襟の下にハンカチかなにかを宛てているように見えるので、サイズの合わないステンカラーの襟が擦れて痛いので、その下にハンカチを当てていたのかもしれないとおっしゃっていました。

私もその時は納得していたのですが、その後一瀬氏所蔵の半身像を実際に手に取って拝見した時に、これはステンカラーの上に、更にマフラーをあしらっていることに気付きました。首の左側のふわりとした白い布地の下に、はっきりと下に着ているステンカラーの襟の線が見てとれます。一瀬氏所蔵の写真は現存する唯一のオリジナルプリントの半身像でありますから、細部がクリアに写っている為に首周りの布の様子についてもはっきりと確認できたのです。

【写真36】ステンカラーの上にスカーフをあてたのだろうということは、当家に伝わる歳三の肖像画からも推測できます。明治洋画界を築いた五姓田《ごせだ》派の薫風を受けた写真画家・土方力三郎の筆による鉛筆画です。力三郎は歳三の甥であり、生前の歳三の姿を知る人物でした。作画年代は明治十年代後半より二十年代前半とおおよそしか特定ができませんが、この肖像画を見ますと、明らかに半身像写真を元に描かれたもので、その首元にはスカーフのようにして白い布が巻かれていることが分かります。当時の鮮明な写真より判断してスカーフを描いているので、私は、やはりこの襟元はスカーフではないかと考えています。

加えて、『旧幕府』の鈴木吉三郎の肖像写真【写真27左下】でも鈴木は同様の首元をしていること

【写真 36】 土方カ三郎画「土方歳三肖像」（土方歳三資料館蔵、写真提供：神奈川県立歴史博物館）

より、スカーフをあしらうスタイルを複数人がしていたことが分かります。

スタンドカラーには、人見勝太郎のようにネクタイをつけるのが通常ですが、適当なものが見つからなかったので歳三なりに装ったのかもしれません。

結論として、当時の正式な軍服スタイルではないものの、歳三の首元にはワイシャツの上にスタンドカラーが着けられ、その上から白いスカーフがあしらわれていたということになります。

また小物に関しては、右腰にピストルケース、左腰に白、もしくは淡い色のひもでベルトにくくりつけた長刀を携えています。和装より洋装への移り変わりの時期特有の刀の佩びかたです。

上に羽織ったコートは、上部の襟がベルベット仕立てになっており、軍服というよりはむしろ外套（ジェントルマンコート）の類に近いものです。当時は外国から来た軍艦に多くの物資が積み込まれていて、こうした軍服、洋装類ものせられていたのです。

「急場しのぎですから、サイズがぴったりという訳にはいきません。外国のものはとにかく日本人にはサイズが大きかった。そこで丈を詰めたり手を加えて着用したのですが、サイズを直したかどうかは、例えば後襟の中央部分に仕立て直した線が入っているかどうかでサイズを詰めたなという事が分かるわけです」とは平山先生のお話ですが、果たして歳三のコートの襟にはサイズ直しの跡があったでしょうか。

当時は、和製のラシャと比べると外国製のラシャは数段丈夫で厚みがあり、耐水性においても防寒性においても優れていたということですから、北の地で戦うためには、和装よりも適していたのでしょう。

足下はふくらはぎ部分で切り返しのついた革製のブーツを履いています。これはおそらくアメリカ製の軍用、もしくは乗馬用のブーツだと思われます。日常的に乗馬する機会が多いのと防寒面でも優れていたのでこのようなブーツが適していたのです。これも一瀬氏所蔵の半身像にて初めて確認できたのですが、ブーツの上部、すなわち切り返しの上の部分で膝のあたりに数カ所鋲を打ってとめてあることが分かります。

髪型は総髪です。余談ですが、土方家の口伝では慶応四年三月初めの甲州勝沼戦争の折郷里を訪れた歳三は既に総髪に洋装の姿であったと伝わります。

これらの歳三の洋装を鑑みると、かなり防寒を重視した寒い時期の服装であったことが伺えます。服装の面からも、冬の時期の撮影であると考えられます。

おわりに

今回の調査で、今迄認識していた以上に多数の土方歳三肖像写真の存在を知りました。その中には、永見徳太郎編『珍らしい写真』の土方歳三半身像のように、過去書籍には掲載されたものの現在は行方の分からなくなっているという残念な写真も数点ありました。しかし、現在所在の分かっている写真は、全て生前の土方歳三と何らかの関わりのあった縁の人達が故人を偲ぶ為に入手し、大切に保管してきたものです。そしてそれを受け継いだご子孫が、やはり大切に現代へと伝えてくれたおかげで、私たちは歳三の生前の姿に接する事ができるのです。それを伝えてきた方達の思いを考えれば、それがオリジナルプリントの鶏卵紙であろうが複写写真であろうが、その一枚一枚の価値は変わらずどの一枚も尊いものだといえましょう。

実は、今回この原稿を書くことには随分と躊躇がありました。「他家で大切に保管されている史料について私が語ってよいものだろうか」と何度も尻込みしました。そんな私に、「こういう調査はその人物に愛情を持って、真実に誠実に向き合える人が取り組むのが一番だと思いますよ」と背中を押してくださった古写真研究家の森重和雄先生には感謝の念が絶えません。森重先生は、私の次々とわき上がる疑問や質問に、その都度丁寧にお答えくださいました。

幕末より一四〇年余りを経て、所在不明となってしまった史料や曖昧になっていく逸話も多くなってきています。今私の代で知り得ること、分かることだけでもまとめておかなければ、私の次の世代になったら正しいことを知るのは更に難しくなるのではないかとの思いで取り組みました。

その結果、多数のご所蔵者の皆様がご協力くださり、現存している半身像、全身像は全て直接目にする事ができました。史料所蔵者の皆様や全ての関連機関、専門的な見解を述べてくださいました日本写真芸術学会の諸先生方に深く感謝したいと思います。

今回実感したのは、一枚の古写真から得られる情報量は膨大であるということ。そして一枚の写真には、歴史のその瞬間を知る為のたくさんの真実が隠れているということです。ひとつひとつの事実を丹念に紐解いていくと、その写真の撮影された当時の環境から始まって、はてはその一枚がどのように現代に伝えられてきたのかまで推察する事ができてしまいます。写真という技術が現世にもたらした功績の偉大さを改めて実感しました。

私が先祖の生前の姿を知る事ができるのは、これらの遺影が存在しているおかげです。今回それら歳三の遺影と巡り会うたびに、その一枚の写真の語る歴史、その写真を伝えてきた方々の想いに触れることができ、それが今回の調査において何よりの幸せだったといえましょう。

幕末維新後、新選組は賊軍とされた風潮があり、その事績を正しく伝えるのは難しい時代もありました。そのなかで歳三を偲びその史料を現代にまで代々伝えてくださったこれらの関係者に心より深く感謝するとともに、それら尊い価値を持つ遺影が今後も色あせず、然るべきところで大切に保存されて後世に伝えられていく事を心から願うばかりです。

本論を執筆するにあたり多くの方々、各機関・組織のご好意とご協力を得ました。紙数の関係でお名前を記載できないのですが、ここに改めて厚くお礼申しあげます。

【参考文献】

・『珍らしい寫眞』　永見徳太郎編　粋古堂　１９３２
・『幕末維新の人物』　尾佐竹猛　学而書院　１９３５
・『明治文化叢説』　尾佐竹猛　学芸社　１９３４
・『北海道写真文化史』　越崎宗一著　新星社　１９４６
・『旧幕府』　旧幕府雑誌社　１８９９
・『日本写真全集１　写真の幕あけ』　小沢健志責任編集　小学館　１９８５
・『新選組追究録』　万代修著　新人物往来社　１９９８
・「五稜郭血書を観て」　杉野橘太郎（『劇と評論』第八巻　八月号より）映画世界社　１９３３
・『幕末　写真の時代』　小沢健志編　ちくま学芸文庫　１９９７
・『幕末・明治の写真』　小沢健志　ちくま学芸文庫　１９９７
・「日本写真の先駆者たち」　小沢健志（『写真の歴史』エアロシャーフ著より）ＰＡＲＣＯ出版局　１９７９

・『幕末明治の肖像写真』　石黒敬章　角川学芸出版　２００９
・『箱館写真のはじまり―幕末から明治』　佐藤清一　五稜郭タワー㈱　１９９９
・『新選組研究最前線（下）』　新人物往来社　１９９８
・『箱館戦争全史』　好川之範著　新人物往来社　２００９
・「photographer's gallery press no.8 ARTIST. PHOTOGRAPH KENZO TAMOTO」２００９
・『東京大学　東京天文台の百年１８７８―１９７８』　東京大学出版会　１９７８
・『枝幸町史（上）』　１９６７
・『箱館から函館へ　函館古地図再現』　冨原章　函館文化会　１９９８
・『歳三の写真』　草森紳一著　１９７８
・『新釧路市史　第四巻』　１９６６
・『新釧路市史　史料編』　１９６６
・「百年前の日本」モースコレクション構成写真編（セーラムピーボディ博物館蔵）小学館　１９８３
・『絵で見る明治商工便覧　第一巻』　ゆまに書房　１９８７
・『北海道立志編』　梶川梅太郎編　１９０２
・『写真新報』　1～43、54～84号　明治22年2月～明治29年9月
・『写真館のあゆみ―日本営業写真史』　日本写真文化協会　１９８９
・『セピア色の肖像』　井桜直美著　トーリンボイド英文　朝日ソノラマ　２０００
・『夜明け前　知られざる日本写真開拓史Ⅰ　関東編』　東京都写真美術館　２００７

・『夜明け前　知られざる日本写真開拓史Ⅱ　中部・近畿・中国地方編』東京都写真美術館　２００８

・「五姓田のすべて　図録」神奈川県立歴史博物館・岡山県立美術館　２００８

・『北海道写真史』渋谷四郎編著　平凡社　１９８３

・「浅沼商会売出し等ちらし」１９１１

・「浅沼商会百年史」１９７１

・「新選組のふるさと日野―甲州道中日野宿と新選組」日野市ふるさと博物館編集　２００３

・『三鷹吉野泰平家文書　尺牘案』三鷹市教育委員会編集発行　２００４

・『三鷹吉野泰平家文書考察集　多摩の民権と吉野泰三』三鷹市教育委員会編集発行　１９９９

・『江戸の村医者　本田覚庵・定年父子の日記にみる』菅野則子　新日本出版社　２００３

・「幕末から自由の権へ―本田家の人々が見た時代」くにたち郷土文化館編集　２００６

・『子孫が語る土方歳三』土方愛著　新人物往来社　２００５

近藤　勇の写真について

森重和雄

はじめに

テレビの大河ドラマ、時代劇、歴史小説や雑誌、歴史関係の書籍などで、近藤勇の写真を一度は見たことがあるだろう。

えらの張った、ほお骨の高い、ごつい風貌。

一文字にきっと結んだ大きな口、削ぎ立てたような鼻梁、幕末の激動の時代に生きていた男の顔だ。新撰組局長・近藤勇の顔は見る者に強烈な印象を残す。

近藤勇は天保五年（一八三四）、多摩郡上石原村辻の宮川久次郎の三男として生まれ、十五歳で江戸市ヶ谷の試衛館で天然理心流三代目近藤周介の門弟となって剣術を学び、免許皆伝となると、周介の養子となり近藤家、天然理心流四代目を継ぐ。文久三年（一八六三）浪士組に加わり上洛、京都守護職支配下で新撰組を組織し、尊譲派志士の弾圧に活躍する。特に元治元年（一八六四）六月五日の池田屋事件では、近藤、沖田総司、永倉新八、藤堂平助の四名で屋内に踏み込み、奮戦、その名を馳せている。

この新撰組局長・近藤勇の写真についていては、両腕を下ろしているポーズの肖像写真と両腕を組んでいるポーズの肖像写真の二種類しか残っていない。現在、当方で現物の写真を確認できたものも含めて、把握している近藤勇の写真は二十一点になる。まずはこれらの近藤勇の写真について、以下の各節にて簡単に説明してご紹介したい。そして今回はここ数年の間に近藤勇の写真について新たに判明したことを、最新研究レポートとして、少し詳細に説明してゆくことにする。

一　近藤勇が両腕を下ろしているポーズの写真（五点）

（一）福井市立郷土歴史博物館所蔵の近藤勇の名刺判写真。【写真1】【写真2】

この写真は、福井の松平春嶽公の写真アルバムにあり、この写真の写真台紙裏には「近藤勇　新徴組」と二行でペン文字のような走り書きがある。元々は松平春嶽公が愛蔵した肖像写真約四百点のアルバムの中に含まれていたものだ。これらの肖像写真は、裏面に献呈の辞が記されているものが多いことから、春嶽公が直接、肖像写真の本人から贈られたものと考えられている。しかしこの近藤勇の写真がどのような経緯で春嶽公の手許に残ったのかはよくわかっていない。

この写真をよく見ると鶏卵紙の下部に敷物部分の模様が写っていないことや、元の写真をさらにもう一度複写したような白い帯があることを考えると、この写真はオリジナルプリントではなく、春嶽公が明治になって入手した名刺判写真のように思える。しかし、現存する近藤勇が両腕を下ろしているポーズの名刺判写真はこの一点のみであるため、その貴重性は高い。

（二）永見徳太郎編纂『珍らしい寫真』（昭和七年、粋古堂）に掲載されている「新撰組隊長　近藤

【写真1】　福井市立郷土歴史博物館所蔵の近藤勇の名刺判写真

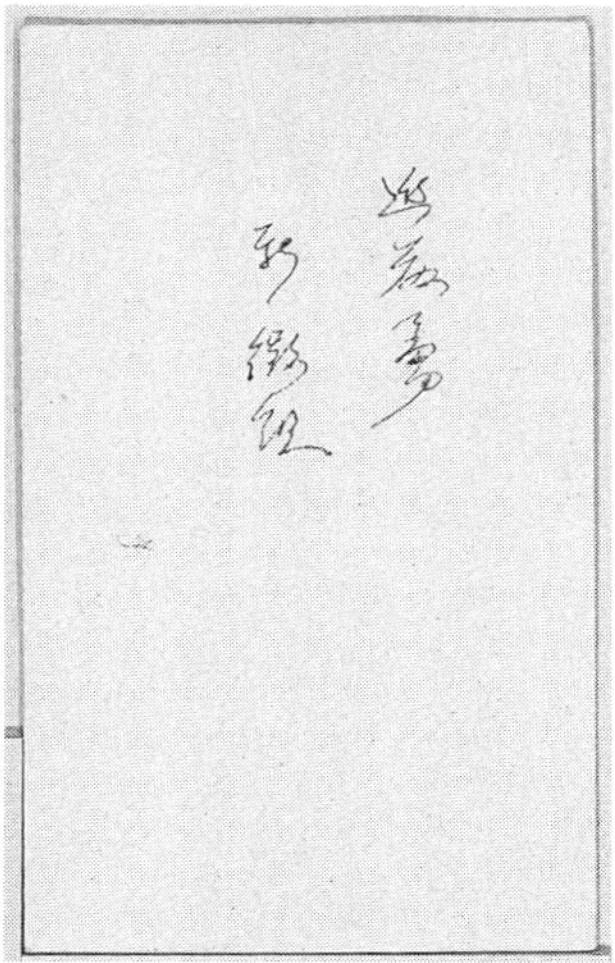

【写真2】【写真1】の裏

新撰組隊長　近藤　勇

【写真3】　永見徳太郎編纂『珍らしい寫真』（昭和七年、粋古堂）に掲載されている「新撰組隊長近藤勇」の写真

勇」の写真。【写真3】

残念ながら永見徳太郎は没落、自殺してしまったため、この近藤勇の写真は所在不明というのが現状だ。永見徳太郎の写真の入手経緯についても不明。

念のために元々永見の収集品である、日本大学芸術学部写真学科の『幕末明治期写真関係資料（旧岩波コレクション）』に、近藤勇の写真が残ってないか確認の問い合わせをしたが、実際に資料を確認して頂いた高橋則英先生のお答えでは『幕末明治期写真関係資料（旧岩波コレクション）』に近藤勇の写真は残っていないとのことであった。従ってこれは現在、現物の写真が行方不明のためこれ以上の確認ができない。

（三）『旧幕府』（「新旧時代」第三年・第一冊　福永書店、大正十六《ママ》年一月一日発行）の口絵写真として掲載されている尾佐竹猛旧蔵「近藤勇」の写真。【写真4】

この写真は、尾佐竹猛博士が東京四谷三光町の自宅に置いていた日記、原稿、書簡などの私的文書類、数百冊の書籍、古写真などを福井に疎開させた際に、昭和二十年五月二十日未明の空襲に遭い、全て焼失してしまい現存していない。尾佐竹博士の写真の入手経緯についても不明。口絵写真の説明には「慶応三年撮影」とあるが、その理由も不明。同誌には井上和雄氏の「近藤勇の写真と彼の最後」という文章も掲載されているが、その中には「蓋し彼が歿時の前年たる慶応三年の撮影に係る」とあるが、その理由も不明である。

しかしながら、この【写真3】と【写真4】の二枚の近藤勇の写真を比較して見ると、非常によく写っていることが判る（汚れがなくクリア）。どちらも、【写真1】の福井市郷土歴史博物館所蔵の写真と比較すると写っている範囲が若干多い（左の部分が広い）。また、この二枚の近藤勇の写真は非常によく似ており、【写真3】は永見が尾佐竹より写真を借りて複写させて貰ったという可能性も充分考えられる。その理由は【写真3】をよく観ると写真の最下部に複写の形跡（黒い部分）が写っているからである。

【写真4】『旧幕府』（「新旧時代」第三年・第一冊　福永書店、大正十六年一月一日発行）の口絵写真として掲載されている尾佐竹猛旧蔵「近藤勇」の写真

いずれにしても【写真3】と【写真4】の二枚の近藤勇の写真は、極めて原板に近い状態で

【写真５】　京都の霊山歴史館でパネル展示されている近藤勇の写真

あり、特に【写真４】は、元はオリジナルプリントの可能性も考えられる。

（四）京都の霊山歴史館でパネル展示されている近藤勇の写真。【写真５】

この写真の元は、近藤勇の兄・宮川音次郎（後の音五郎）のご子孫である宮川豊治氏所蔵の写真を借りたものといわれていたが、宮川豊治氏に確認したところ宮川家には近藤勇の写真はないとのお話だった。従ってこの写真を複写した際の元の写真ついては詳細不明。

昭和六十一年四月十日から五月十一日まで開催された、京都の霊山歴史館の特別展「幕末大名家の名品と古写真に見る世相」の展示品目録によれば、土方歳三と近藤勇の写真が出品されているが、この時の写真とも考えられる。しかし前任者の学芸員もすでに退職されているため詳細は確認ができなかった。

（五）中川忠三郎撮影の近藤勇の写真（「京都維新を語る会」大西荘三郎氏所蔵）。【写真６】

この写真は昭和の初め頃に、京都の古写真収集家でカメラマンの中川忠三郎が撮影したという近藤勇の写真だが、中川忠三郎が何から複写撮影したのか、その詳細は一切不明である。

寺井維史郎著『池田屋事變始末記』（佐々木旅館昭和四年発行）に、中川忠三郎所蔵として腕を下ろしたポーズの近藤勇の写真が掲載されており、「新撰組隊長　近藤勇の像」と写真説明が書かれている。またこの写真の下には囲みの記事で「京都の写真師大阪屋与兵衛が撮影した」と書かれている。(註1)

二　近藤勇が両腕を組んでいるポーズの名刺判写真（八点）

（一）佐藤彦五郎家、現佐藤福子氏所蔵の近藤勇の名刺判写真。

写真台紙裏には、向かって右端に、後世書かれたと思われる「京都より彦五郎に持参せしもの（慶応二年頃）」という青いペンの文字があり、左側には「第四世天然理心流　近藤　勇」と墨書きがある。

【写真6】　中川忠三郎撮影の近藤勇の写真（「京都維新を語る会」大西荘三郎氏所蔵）

この近藤勇の名刺判写真は、「京都より彦五郎に持参せしもの」との逸話が残っているが、写真台紙の形態（特に厚さ）を調べてみると、この写真も後年の明治になってから入手した名刺判写真と思われる。また、この近藤勇の名刺判写真は、佐藤彦五郎家にあることからオリジナルプリントの名刺判写真だと考える人は多いだろうが、この写真には近藤勇の座っている敷物の下部にある逆ピラミッド形の模様が他の写真と比較するとほとんど写っていない。紙焼きを複写した際の白い部分も写っているため、写真台紙の形態（特に厚さ）も考えると、オリジナルプリントとは思えない。

（二）東京都港区立港郷土資料館所蔵、『井関盛艮旧蔵コレクション』の近藤勇の名刺判写真。【写真7】【写真8】

この写真台紙裏には「明治元辰年　於京師梟首セラル　近藤勇　元東京撃剣家」と墨書きがある。神奈川県知事であった井関盛艮が誰かから貰った名刺判写真と思われるが、贈呈者などは不明。

（三）綾瀬・鳥屋部孝氏・恭子氏蔵・足立区郷土資料館保管の近藤勇の名刺判写真。【写真9】【写真10】

近藤勇が武州足立郡五兵衛新田の名主見習・金子健十郎家から慶応四年四月に下総流山に転陣する際に、世話になった謝礼として、二千疋（砂金約五両分）を添えた熨斗袋に「大和」と署名し、自分

【写真 9】 綾瀬・鳥屋部孝氏・恭子氏蔵・足立区郷土資料館保管の近藤勇の名刺判写真

【写真 7】 東京都港区立港郷土資料館所蔵『井関盛艮旧蔵コレクション』の近藤勇の名刺判写真

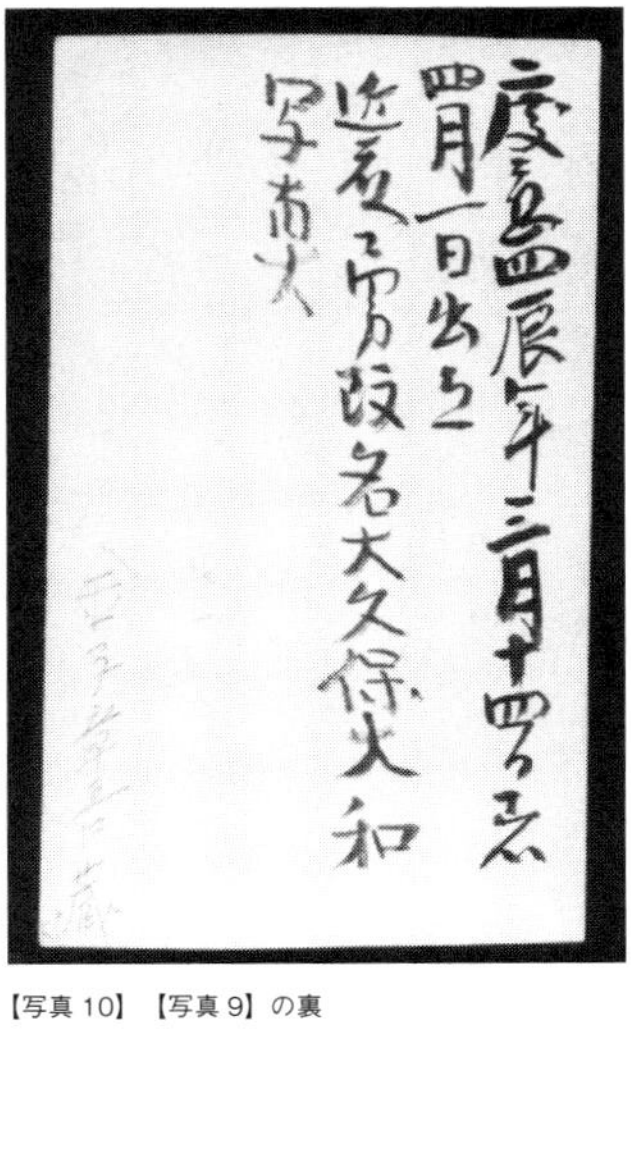

【写真 10】 【写真 9】の裏

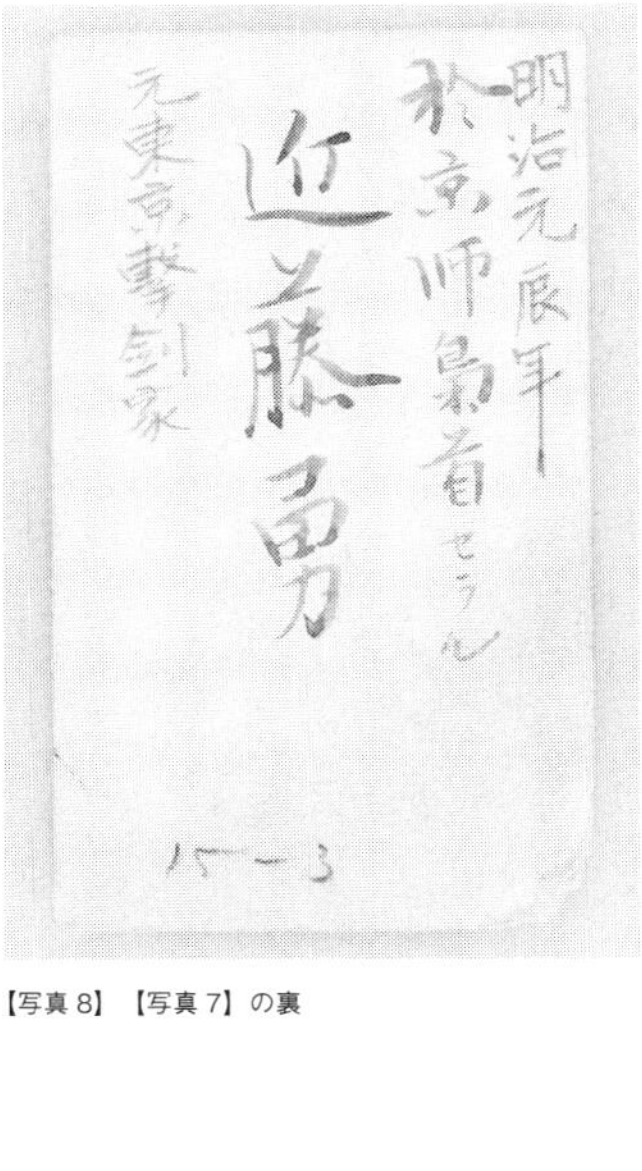

【写真 8】 【写真 7】の裏

の写真とともに金子家に贈ったという逸話がある近藤勇の名刺判写真である。

この近藤勇の写真現物を見ると、写真台紙裏には右端一行目から「慶応四辰年三月十四日着」、二行目に「四月一日出立」、三行目に「近藤勇改名大久保大和」、四行目に「写真」と墨書きがあり、左端末文に「金子章吾蔵」と書かれている。この名刺判写真は近藤勇から手渡された写真としての逸話が残っているが、写真台紙の形態（特に厚さ）を調べてみると、この写真も写真台紙に厚みがあり、明らかに明治になって作られた複写写真である。

また近藤勇の写真はこの二千疋を入れていた熨斗袋に包まれて発見された。熨斗袋には砂金を留める膠の痕も残っている。しかし、幕末当時の慣習では、砂金と写真をいっしょにして熨斗袋に入れるような慣習は考えられないため、やはりこの名刺判写真も、後年の明治時代になって金子家のご子孫やその親族の方などの誰かが入手した近藤勇の写真を、この熨斗袋に入れて大切に保管していたと考えた方がいいだろう。

（四）個人所蔵の名刺判写真で、現在は学習院大学史料館が委託されて保管している近藤勇の名刺判写真。【写真11】【写真12】

写真台紙裏にはデザインなどの意匠は何もなく、「維新ノ志士　近藤勇」と中央に縦書きで書かれている。

この写真は二〇〇八年に東京都写真美術館で行われた展覧会「夜明けまえ　知られざる日本写真開拓史Ⅰ」にて一般にも初めて公開された。その際に現物の写真を確認できたが、この写真もその形態を見ると明治になって複写された名刺判写真である事が判る。

（五）現所蔵者不明の近藤勇の名刺判写真。【写真13】

写真台紙裏にはデザインなどの意匠も何もない。この写真もその形態を見ると明治になって複写された名刺判写真である事が判る。

【写真11】　個人所蔵の名刺判写真で、現在は学習院大学史料館が委託されて所蔵している近藤勇の名刺判写真

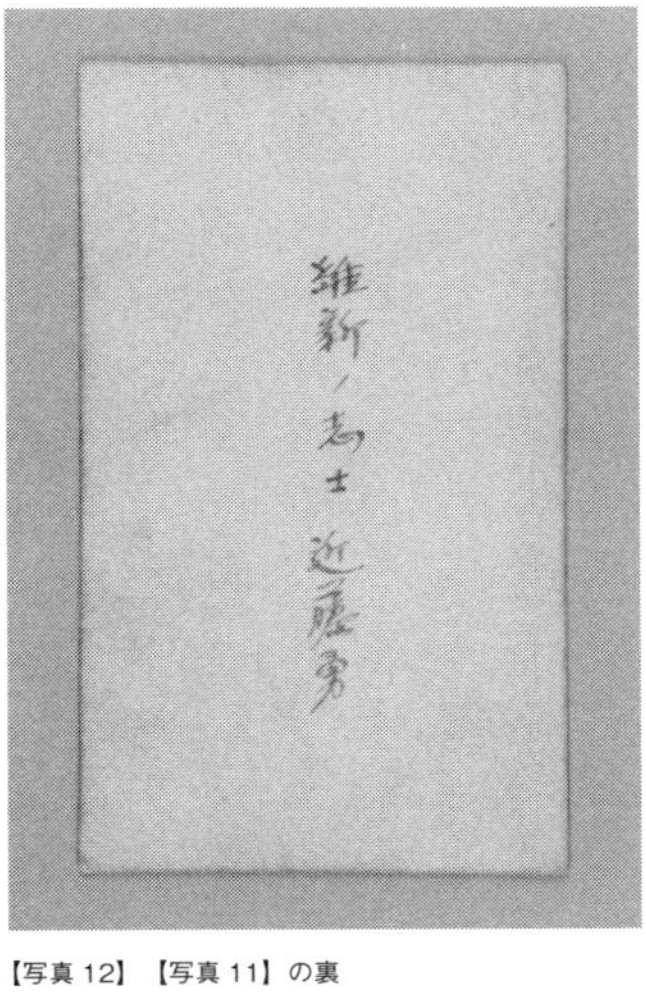

【写真12】　【写真11】の裏

【写真13】　現所蔵者不明の近藤勇の名刺判写真

（六）大阪府所有・大型児童館「ビッグバン」所蔵の近藤勇の名刺判写真。【写真14】【写真15】

この写真は、元は個人の古写真コレクターが所蔵していたもので、それを新撰組研究者で古物商の多田敏捷先生が入手されて、後に大型児童館「ビッグバン」の所蔵となった。

この写真は写真本体の鶏卵紙に虫食いの跡があるが、下部の敷物の部分もよく写っており、名刺判写真としても台紙の厚さなどから明治初期に複写された写真と思われる。写真台紙裏には何も印刷されたものはなく、墨書きなどもない。

（七）土方歳三のご子孫である土方陽子氏・土方愛氏所蔵の写真で、土方康氏（土方愛氏の亡き祖父）が作成した私製の写真アルバムに貼り込まれた近藤勇の写真。【写真16】

この写真は、元は名刺判写真であったものを、写真台紙から鶏卵紙部分をうまく剥がし、私製の写真アルバムに貼りこんである。土方康氏が元の写真台紙を捨ててしまったため、どこの写真館で複写したのかも不明だが、鶏卵紙の状態を見ると明治二十年頃に複写した写真のようだ。

（八）一心堂書店目録に掲載されていた近藤勇の名刺判写真。【写真17（画面右下）】
この写真は一心堂書店が他に販売したため現所蔵者不明。

三　その他の近藤勇の写真（八点）

（一）松本良順所蔵の写真アルバムにあった近藤勇の写真。
この写真は詳細不明だが、（三）の川村三郎が所蔵していた複写の近藤勇の名刺判写真から、近藤勇が両腕を下ろしているポーズの写真であることが推察できる。（後述）。

【写真14】 大阪府所有・大型児童館「ビッグバン」所蔵の近藤勇の名刺判写真

【写真15】【写真14】の裏

【写真 16】 土方歳三のご子孫である土方陽子氏・土方愛氏所蔵の写真で、土方康氏（土方愛氏の亡き祖父）が作成した私製の写真アルバムに貼り込まれた近藤勇の写真

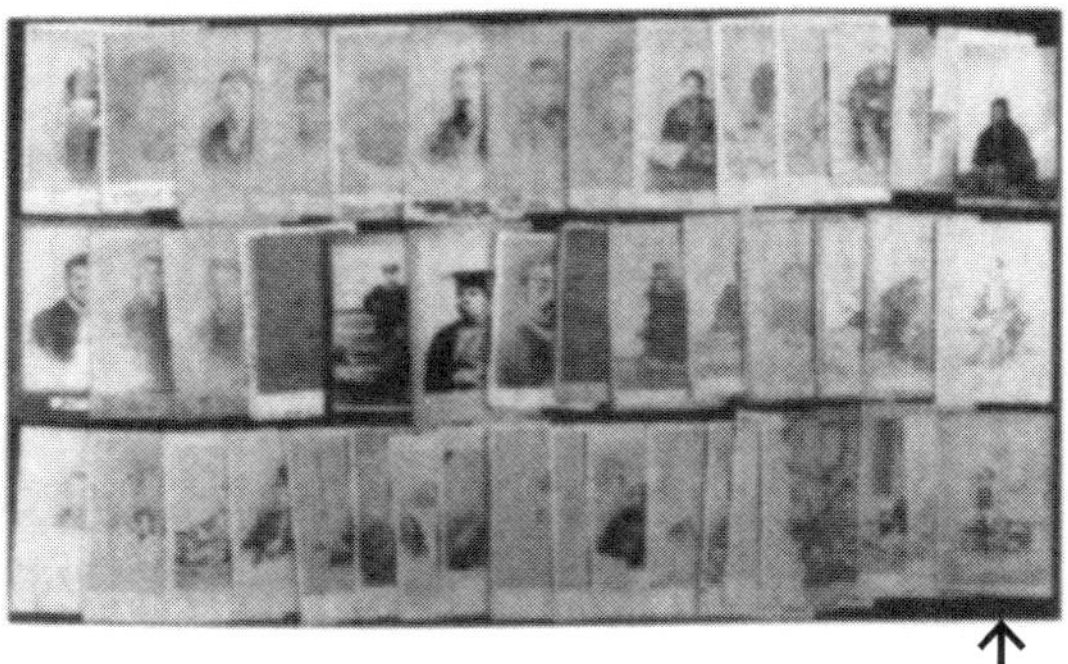

【写真 17（画面右下）】 一心堂書店目録の近藤勇の名刺判写真

（二）元新撰組隊士の猪野忠敬（隊士当時の名・久米部正親）が所蔵していた写真。

この写真は猪野忠敬のご子孫である猪野謙二家には現存していないが、これも（三）の川村三郎が所蔵していた近藤勇の写真から、近藤勇が両腕を下ろしているポーズの写真であることが推察できる。（後述）。

（三）元新撰組隊士の川村三郎（隊士当時の名・近藤芳助）【写真18】が所蔵していた写真。【写真19】【写真20】

この写真は、現在、川村三郎の令孫中田芳江氏の親族である浅田康夫氏が所蔵されており、近藤勇が両腕を下ろしているポーズの複写写真である。

この写真には裏書きとして以下の内容が書かれている。

明治元戊辰四月二十四日
於東京府板橋駅死ス
貫天院殿盡忠誠義大居士
俗名　近藤　勇
行年　三十六歳

【写真 18】 川村三郎

【写真 19】 元新撰組隊士の川村三郎が所蔵していた写真

【写真 20】 【写真 19】の裏

（一）（二）（三）の写真の関係を説明すると、元新撰組隊士の川村三郎自身が、親族に語った逸話によれば、元々、松本良順の写真アルバムにあった近藤勇の写真を、元新撰組隊士の猪野忠敬が何度も松本良順に頼み込んで、ようやく貸してもらい、その写真を猪野忠敬が親友の川村三郎に見せたところ、川村も欲しがったため横浜の写真館で複写することになった。複写した写真館は川村の次男が高橋家に養子にいっており、写真館をしていたことから、そこの可能性が高い。この逸話はさらに後に、浅田康夫氏に伝えられた。

現在、残っているこの名刺判写真【写真19】を確認するとそれは近藤勇が両腕を下ろしているポーズであることから、（一）（二）の写真も同様に両腕を下ろしているポーズの写真であることが推察できる。このことは次の（四）の近藤勇の写真が両腕を下ろしているポーズであることからも断定していいであろう。

さらに川村三郎が親族に語った逸話によると、猪野忠敬が松本良順から聞いた話として、「近藤勇は慶応二年に京都で撮影したということ。その時近藤勇は縁台に座って外で撮影したこと。「大與」（「大与」とも書く）という写真館で撮影したこと」などが伝わっている。

この京都の「大與」とは、堀與兵衛の写真館の屋号である。堀與兵衛の「丙寅　西洋写真薬法書」の裏表紙に「京都寺町通佛光寺南　堀與兵衛伝授」と記されており、さらに「京都寺町通　大與　佛光寺」の丸印が押されていることや、明治八年に京都で刊行された「西京写真師人気見立番付」などに「大与　寺町仏光寺」とあることからそれがわかる。

（四）元新撰組幹部であった杉村義衛（隊士当時の名・永倉新八）が北千住在住時代に、同じ元新撰組の川村三郎より明治二十一年に譲り受けた複写写真で、近藤勇が両腕を下ろしているポーズの写真。

永倉新八の孫である杉村逸郎氏の記憶では「新八は日本間で寝起きしていたが、その部屋には近藤勇や土方歳三の写真が飾られていた」という。

この写真については、新選《ママ》組研究の第一人者である釣洋一先生を通じて永倉新八のご子孫・杉村悦郎氏に、永倉新八が持っていた近藤勇と土方歳三の複写写真の形態を問い合わせ、再確認することができた。

これは別の台紙に、鶏卵紙の部分を並べて貼り付けたものであった。【写真21】向かって左が両腕を下ろしたポーズの近藤勇の写真で、右が膝から上の土方歳三の写真である。二枚の写真を並べた台紙裏には以下の永倉新八の墨書きが書き残されている。

大正二年五月二十二日

東京市本所区番場町

四丁目七番地

山田音羽
芸名綱枝太夫
近藤勇写真見ルハ泪ヲ
流シ同人写真拝借イタシ度
申シ貸シ与フ両人複写イタシ
送ル
右　土方歳三義豊
左　近藤勇昌之
新撰組副長助勤
永倉新八戴之
改　杉村義衛治備
大正二年六月十日書

またこの写真とは別に永倉新八は近藤勇をアップに複写した名刺判写真も持っていたことが、釣洋一著『新選《ママ》組写真全集』（新人物往来社、一九九七年）に掲載されていることから判る。【写真22】複写し

【写真21】 元新撰組幹部であった永倉新八が北千住在住時代に、同じ元新撰組の川村三郎より明治二十一年に譲り受けた複写写真で、近藤勇が両腕を下ろしているポーズの写真

【写真22】　釣洋一著『新選組写真全集』（新人物往来社、一九九七年）掲載の近藤勇の写真

た写真師は北海道岩内港・中村源治である。

（五）近藤勇の京都時代にできた子供（氏名不詳）の娘（近藤勇の孫娘）で、竹本綱枝こと山田音羽（山田とわ）【写真23】【写真24】が、北海道札幌、旭川に公演した際に、永倉新八が「北海タイムス」に連載していた新聞記事から永倉新八と近藤勇の写真の存在を知り、大正二年五月二十二日に永倉新八に会いにきた。その時に山田音羽が永倉新八から近藤勇の写真を借りて複写した写真。（現在詳細不明）。

この写真も今となっては山田音羽のご子孫は行方不明のため、現物の写真は確認できないが、永倉新八より近藤勇の写真を借りて複写した写真ということから、これも近藤勇が両腕を下ろしているポーズの写真と推察できる。

（六）元新撰組隊士・川村三郎の次男で高橋家に養子に行った高橋正夫が、後に写真館を経営していたことから、そこで近藤勇の顔を優男風に修正して複写したと思われる近藤勇の名刺判写真（高橋

こと氏所蔵）。【写真25】

従ってこの写真も近藤勇が両腕を下ろしているポーズの写真である。

（七）東洋文化協会編『幕末明治文化変遷史』（東洋文化協会、訂正増補再版、昭和五年）などにも掲載されている近藤勇の写真。【写真26】

山田音羽

【写真 23】 近藤勇の孫娘、竹本綱枝こと山田音羽（山田とわ）

【写真 24】右から竹澤龍造、丸、龍八、駒若、山田とわ（竹本綱枝） 村井直子氏提供

【写真25】　齊藤多喜夫『ハマの新撰組二代記―川村三郎と高橋正夫のこと―』（『横濱』六号（二〇〇四年秋号）、編集・発行：横浜市市民局広報課）掲載の近藤勇の写真

この写真もその詳細は一切不明であるが、（四）の写真によく似ている。

（八）天然理心流門人で自由党員、自由民権運動で活躍した神奈川県議の吉野泰三（近藤勇の甥で娘婿の近藤勇五郎の親族）【写真27】が、所蔵していた近藤勇の写真。

この写真は明治の自由民権運動が盛んな時代に、各地の自由民権運動の指導者たちが、そのシンボルとして近藤勇の写真を祀っていたという逸話があり、特に今の三鷹市野崎にいた吉野泰三がそうであったといわれているが、吉野泰三家に現在、この写真は残っていない。親族の吉野五郎が複写していたという逸話もある。仮に現存したとしても、この写真も明治になって複写された近藤勇が両腕を下ろしているポーズの名刺判写真と推察される。

近藤勇は甲陽鎮撫隊での勝沼の戦いに敗れた後、三日間、親族の玉野家に潜伏していた。近藤勇を匿ったとされる玉野家のこの伝承では、三月八日、近藤は野崎村名主であり医師でもあった吉野順貞宅を訪れ治療を受けているという。この吉野順貞の息子が吉野泰三で、泰三は元治二年に天然理心流に近藤勇の道場に入門しているが、近藤勇から直接指導を受けているわけではない。

【写真 26】　東洋文化協会編『幕末明治文化変遷史』（東洋文化協会、訂正増補再版、昭和五年）掲載の近藤勇の写真

多摩小野路村の橋本家や小島家には、天然理心流の宗家を継いだ三代近藤周助や四代近藤勇、そして門人の土方歳三・山南敬助・沖田総司らがしばしば代稽古に来ていた。特に近藤勇と小島為政（韶斎）、日野の佐藤彦五郎の三人は、義兄弟の契りを結ぶほどであった。また、小島家と日野石田の土方家とは縁戚関係でもある。

近藤勇らが京都で新撰組を結成し、反幕府の志士と抗争を繰り返していたころも、多摩の豪農と近藤らは密接なつながりを維持していた。そのため、多摩の人々の逆賊となった近藤勇、土方歳三への哀悼の念は強く、特に小島為政や橋本政直は、明治に入って〝両士〟の復権に努力している。

小島資料館蔵「客窓雑記」によれば、「明治八年十二月十四日　二銭五厘　近藤写真」とあ

【写真27】 天然理心流門人で自由党員、自由民権運動で活躍した神奈川県議の吉野泰三（近藤勇の甥で娘婿の近藤勇五郎の親族）

り、小島鹿之助の長男守政が明治八年十二月十四日に二銭五厘で近藤勇が両腕を組んでいるポーズの名刺判写真を購入している。残念ながらこの写真はその後、親族でもある橋本家に貸し出され、昭和二十年五月の空襲にて焼失してしまったが、小島鹿之助はこの写真をもとにして土方力三郎に肖像画（油絵）を依頼し、明治十八年にこの絵は完成した。

この近藤勇が両腕を組んでいるポーズの写真は佐藤家、土方家にも残っていることから、各家も明治八年頃（あるいは以降に）に自ら購入した写真か、親族などから貰った写真なのであろう。

以上のように、明治になると近藤勇、土方歳三の復権も適い、近藤勇の写真もいろいろな人の手を経て複写され、名刺判写真にもなり、今のブロマイド写真のようにして販売されていたのだろう。

また、ほとんどの近藤勇の写真はそういう明治時代になって複写された写真で、幕末期のオリジナルプリントの写真ではない。このため今回紹介した写真以外にも、近藤勇の写真は今後も新たに発見

【写真28】 京都の写真師・堀與兵衛

される可能性が高いであろう。日野にはまだ他にも近藤勇の写真を所蔵している家があるというが、筆者の方はまだそれは確認できていない。

四　京都の写真師・堀與兵衛撮影説

近藤勇の写真を誰が撮影したかについては、内田九一説[註2]、下岡蓮杖説[註3]、上野彦馬説[註4]、京都の写真師・日登見説[註5]などもある。しかし近藤勇の写真に写っている敷物の柄の模様から、京都の写真師・堀與兵衛[註6]【写真28】が慶応年間に撮影したことが、同じ模様の敷物が写っている他の写真から判る。

それは堀與兵衛の祇園支店で撮影された「生け花と女」・「タバコを吸う女」・「女たち」三枚のガラス湿板写真、「松本良順の写真」、「岩田織部正通徳の写真」、「水野伊勢守忠全と思われる写真」、

【写真29】「生け花と女」

【写真30】「タバコを吸う女」

「木村摂津守の写真」、「市川斎宮（兼恭）の写真」をそれぞれ詳しく調べることによって確定できるのである。

そこで、近藤勇の写真と同じ敷物の柄の模様が写っているこれらの写真について順に説明していくことにする。

∴

（一）先ず「生け花と女」【写真29】・「タバコを吸う女」【写真30】・「女たち」【写真31】三枚のガラス湿板写真（註7）については、所蔵者である小沢健志先生に確認すると、ガラス湿板写真を収めた桐箱の上蓋の裏側に堀與兵衛の紙ラベルが貼られていることから、堀與兵衛の撮影であることが判った。

【写真 31】「女たち」

(二) 次に「松本良順の写真」については、石田純郎『江戸のオランダ医』(三省堂、一九八八年) 一〇四頁に掲載紹介されている。この写真は、元はオランダのボードウィン博士 (アントニウス・フランシスカス・ボードウィン) の子孫宅にあった「ボードウィン・アルバム」の中の写真で

【写真 32】「ボードウィン・アルバム」にある松本良順の写真（現長崎大学所蔵）

ある。（現長崎大学所蔵）。【写真32】

さらにこの「ボードウィン・アルバム」に掲載されている「松本良順の写真」と全く同じ写真が安土堂書店の目録にも掲載されていた。こちらの写真台紙裏には「慶応元丑年於大坂写　幕府侍医法眼松本良順肖照」と二行で墨書きされていることを石黒敬章氏にご教示いただいた。その際にコピーもいただきその墨書きも確認できた。しかしこの写真は現在、所蔵先不明のため現物を確認することはできなかった。【写真33】【写真34】

そこで松本良順の幕末期の行動を調べてみると、松本良順が上洛するのは文久三年三月四日に将軍

【写真33】　安土堂書店の目録にも掲載されていた松本良順の写真

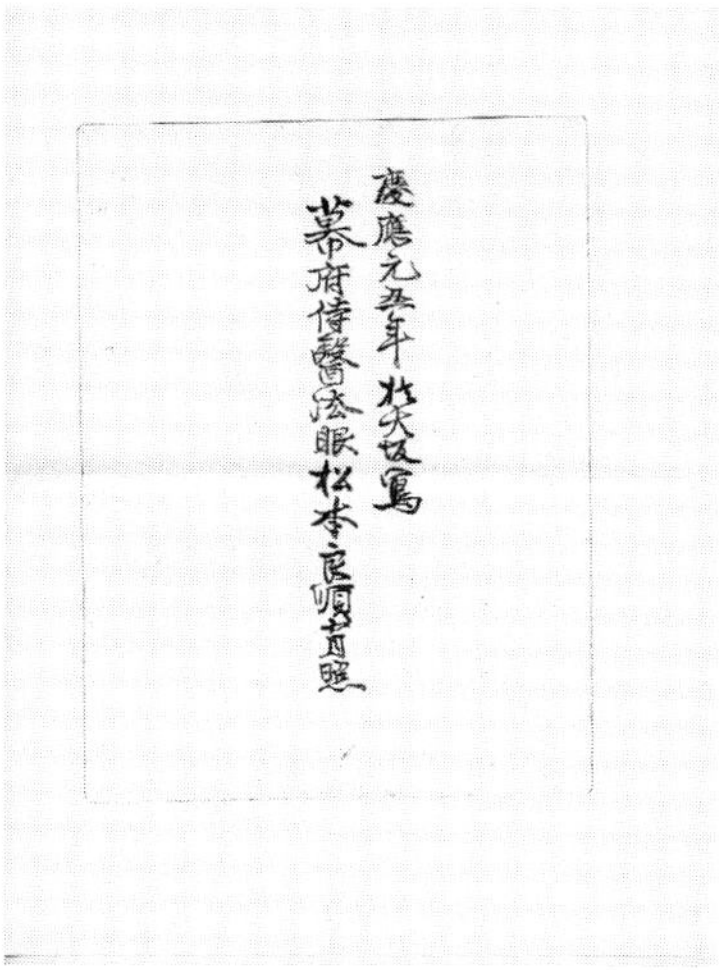

【写真34】【写真33】の裏

家茂に従って入京し、この時は六月に江戸へ帰府している。

二度目の上洛は徳川慶喜が病のため、「急々上京すべし」と命じられて、元治元年一月二十三日に品川から順動丸に搭乗して海路上阪し、元治元年二月四日に徳川慶喜の宿舎だった京都東本願寺に入っている。その後、約一ヶ月後に江戸に戻っている。

そして三度目の上洛が慶応元年で、この時に新撰組の屯所があった西本願寺に近藤勇を訪ねている。このときに屯所内の衛生面について土方歳三に注意し、以後、西本願寺の新撰組屯所に定期的に回診に行くようになる。このときは長州征伐の家茂に従って同年九月九日に大坂城に入り、以後慶応二年八月二十日まで大坂に滞在する。この後、慶喜の侍医となり大坂から京都へ入り、翌慶応三年二月に江戸へ帰府する。

この松本良順の写真が上洛中の写真であるとすれば、この写真の松本良順は剃髪姿（奥医師、法眼姿）であることから、上記の入京当時に京都、あるいは大坂で撮影された写真と推測できる。

また、慶應義塾大学所蔵「慶應二年幕府届書」九月二十一日に記載されている惣髪許可を受けた五十八名の中に「奥医師　松本良順」の名があること、さらに同年十月十六日には医師に対して惣髪令が出されていることから、少なくとも慶応二年十月末以前に写された写真であることがわかる。

ところが、このオリジナルプリントと思われる松本良順の写真の裏面には、
慶応元丑年於大坂写

【写真 35】 2009 年の明治古典会七夕古書大入札会の図録に掲載されていた松本良順の写真（右下）

幕府侍医法眼松本良順肖照

と二行で墨書きされている。

この墨書きは後年書かれたものという可能性もあるが、この記述内容を重視すると、まずこの松本良順の写真は大坂に於いて撮影されたものと考えられるのではないだろうか。仮に撮影場所が大坂での出張撮影だとすれば、松本良順が大坂にいた時期、慶応元年九月九日から慶応二年八月末頃までの間に撮影されたということになる。

またこの写真とは別に松本良順が武士姿で同じ柄の模様の敷物を敷いた縁台に腰掛けている写真を、二〇〇九年の明治古典会七夕古書大入札会の図録に掲載されている写真アルバムの中に見つけたが、これも現所蔵先は不明である。【写真35】

∴

（三）次に石黒敬章編『下岡蓮杖写真集』（新潮社、

一九九九年）で下岡蓮杖撮影と紹介されている【写真36】と【写真37】の二枚の写真には、どちらも敷物の逆ピラミッド模様が写っていることから、これらも堀與兵衛撮影の写真であることは明白である（【比較写真】参照）。特に【写真37】は、京都で慶応三年に撮影された「岩田織部正通徳の写真」であることが判明した。

この岩田織部正通徳の写真については、昭和五十四年四月二十八日付読売新聞大阪版の記事に詳細が書かれているが、幕末の歴史を研究している万代修氏が京都見廻組頭並・岩田織部正通徳のご子孫である松平淳氏を探し出し、同氏宅で取材した際に、岩田織部正通徳のガラス湿板写真と「写真由来記」を発見された。【写真38】

これによればガラス湿板写真には「慶応三年撮影」の記述があり、「写真由来記」には「このころ写真屋なるのも未だ世にあらず、蘭人直伝の写真術を学修したる者ありて、この原板を作製したり」という記述が書かれていたとのことであった。この記述内容はおそらく堀與兵衛の写真館で使われていた紙ラベルに「ダゲール」の名を示すオランダ文字が印刷されていることから、このような記述になったものと思われる。【写真39】　また、岩田は慶応三年三月十七日に従五位下に任官しているため、この束帯姿の写真はそれ以降に撮影されたことになる。

そこで、二〇〇九年に岩田織部正通徳の現在のご子孫である岩田和美氏、松平淳氏の親族の松平正氏を再調査したのだが、松平淳氏はすでに亡くなっており、この松平淳家が絶家になってしまったこ

【写真 37】 石黒敬章編『下岡蓮杖写真集』にある図版ナンバー057（現東京都写真美術館所蔵）

【写真 36】 石黒敬章編『下岡蓮杖写真集』にある図版ナンバー003（現東京都写真美術館所蔵）

【比較写真】 近藤勇の写真と他の写真との比較

竜馬暗殺の指令者？

見廻組隊長の写真見つかる

幕末秘史に手がかり

竜馬暗殺の指令者ではないか――と推定される京都見廻組頭・岩田織部之正

【写真 38】　岩田織部正通徳のガラス湿板写真発見の記事

ともあって、岩田織部正通徳のガラス湿板写真と「写真由来記」は、現在行方不明という状況で、現物を確認することはできなかった。

さらに補足の情報としては、万代修著『幕末・維新こぼれ話』（平成三年、私家本）に明治時代に写された岩田織部正通徳の別の写真【写真40】が掲載されていた。この写真から、小沢健志編『新版　写真で見る幕末・明治』（世界文化社、二〇〇〇年）の二五六頁に掲載されている「中将」というキャプションの写真は、岩田織部正通徳の写真であることが判った。また、同じ写真が前記『下岡蓮杖写真集』にある【写真41】であることも判明した。

∴

（四）また『下岡蓮杖写真集』で紹介されている【写真36】と、同人物と思われる別の写真が

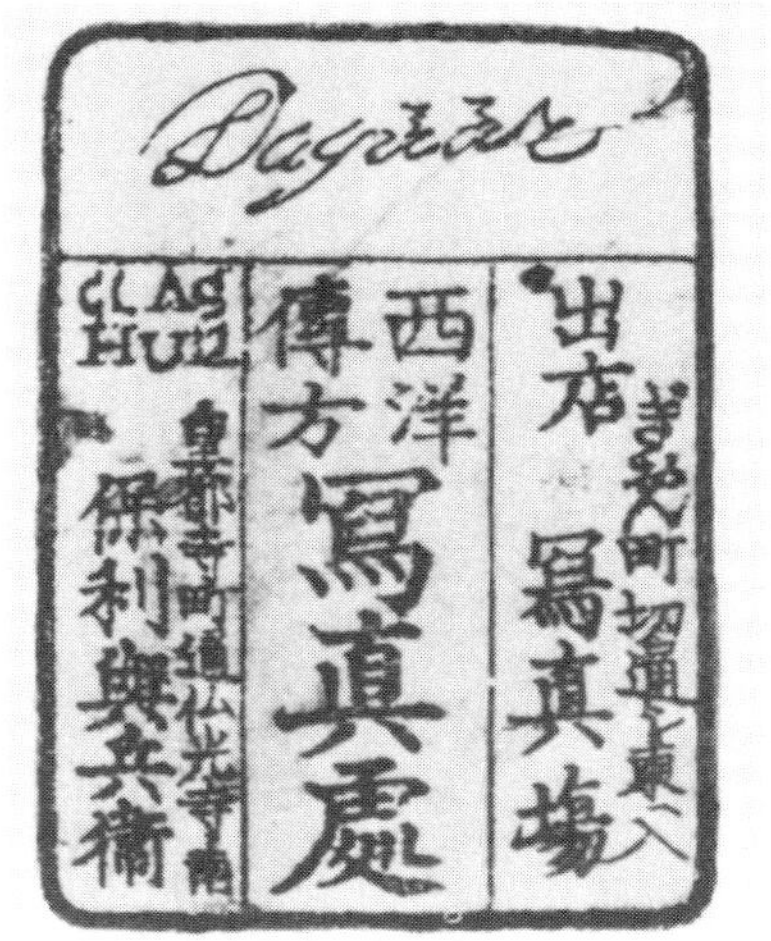

【写真39】　堀與兵衛の紙ラベルの写真

『決定版　昭和史　1巻　昭和前史・文明開化』（毎日新聞社、昭和五十九年）に掲載されていることが判った。【写真42】

∴

（五）そしてこの「水野伊勢守忠全と思われる写真」【写真42】が興味深いのは、同じ縁台に腰掛けた姿勢で撮影された「木村摂津守の写真」があること

【写真40】 万代修著『幕末・維新こぼれ話』（平成三年、私家本）に掲載された岩田織部正通徳の別の写真

である。【写真43】　そこで『木村摂津守喜毅日記』（塙書房、昭和五十二年）を調べてみると、慶応三年正月廿五日の項に「本日出掛、市尹大久保氏庭ニ立寄写真、此日会者水野伊勢小出播磨八木但馬及余、御使番三四名等也」とあり、慶応三年二月十日の項に「去月二十五日之写真紙十枚出来、好写可喜」とあり、慶応三年二月廿二日の項に「一写真料千疋、水野勢州へ頼ミ遣ス」と、記載されていたのである。

この「木村摂津守の写真」は、「本日出掛、市尹大久保氏庭ニ立寄写真」という記述内容から、慶応三年当時、京都町奉行だった大久保忠恕の役宅で写真師に出張撮影させた写真であることがここから推測される。またこれらの写真の代価についても慶応三年二月廿二日の会計メモに「写真十枚　二両二分」との記述もある。

【写真 41】 石黒敬章編『下岡蓮杖写真集』にある図版ナンバー004（現東京都写真美術館所蔵）

【写真 42】『決定版　昭和史　1巻　昭和前史・文明開化』（毎日新聞社、昭五十九年）に掲載された水野伊勢守忠全と思われる写真

【写真 43】 同じ縁台に腰掛けた姿勢で撮影された木村摂津守喜毅の写真（木村家所蔵、横浜開港資料館保管）

さらに慶応三年正月廿五日の項の記述内容から、この【写真42】の人物が、水野伊勢守忠全、小出播磨守、八木但馬守補職の内の一人ということが考えられるのである。家紋ははっきりとは写っていないが、水野伊勢守忠全の家紋である丸沢潟のように見える。

水野伊勢守忠全は、前年の「慶応二年六月御

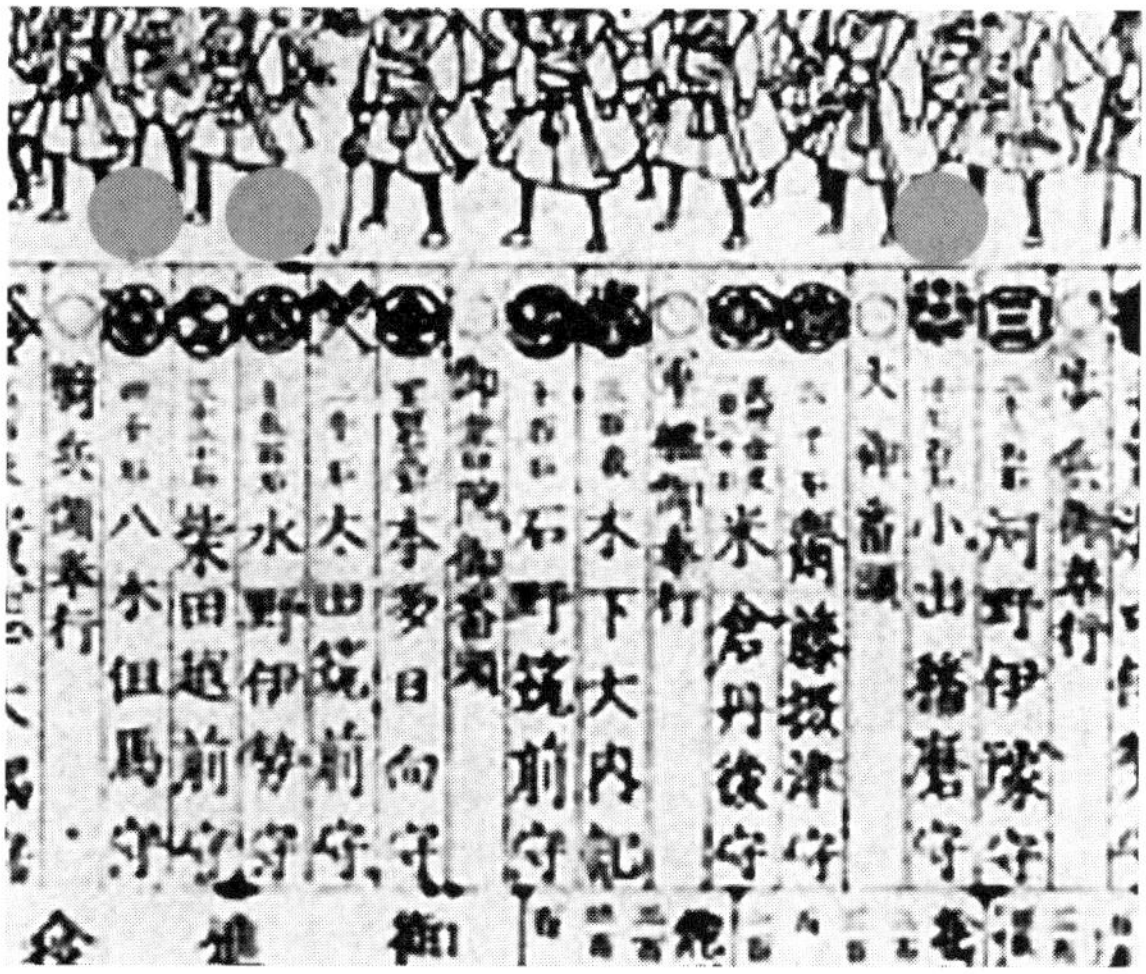
歩兵御奉行
河野伊豫守
小出播磨守
大御番頭
内藤摂津守
米倉丹後守
木下大内記
石野筑前守
御書院御番頭
本多日向守
太田筑前守
水野伊勢守
柴田越前守
八木但馬守

【写真 44】「慶応二年六月御進発供奉御役人付」

進発供奉御役人付」【写真44】に「歩兵御奉行　千七百石　小出播磨守、御書院御番頭　千五百石　水野伊勢守、四千石　八木但馬守」と記載されており京都に居たことが確認できる。このため残りの二人、小出播磨守、八木但馬守補職の写真もあると考えられる。

その後、八木但馬守補職の写真は『1億人の昭和史　13昭和の原点　明治　中　富国強兵への道』に神奈川・細島良子氏蔵の写真として掲載されていることが判った。しかしながらこの写真の敷物の模様は近藤勇の写真と同じ模様ではなかった。【写真45】

∴

（六）この他に同じ敷物が移っている写真としては福井市立郷土歴史博物館所蔵の市川斎宮（兼恭）の名刺判写真がある。【写真46】【写真47】

開成所教授・市川斎宮（兼恭）は慶応二年九月から同年十二月まで徳川慶喜に呼ばれて京都に行っていることから、この間に京都で撮影された写真であることが判る。このことは、『渋沢栄一伝記資料』第1巻の「慶応二年丙寅秋　将軍慶喜ノ命ニ依リ市川斎宮二就キ電信ノ技ヲ伝習ス」という記述や、東京大学史料編纂所所蔵「開成所事務外務省引継書類之内四一」の慶応二年九月十六日

【写真45】『1億人の昭和史　13昭和の原点　明治中　富国強兵への道』に掲載、八木但馬守補職の写真（神奈川・細島良子氏蔵）

【写真46】福井市立郷土歴史博物館所蔵の市川斎宮兼恭の名刺判写真

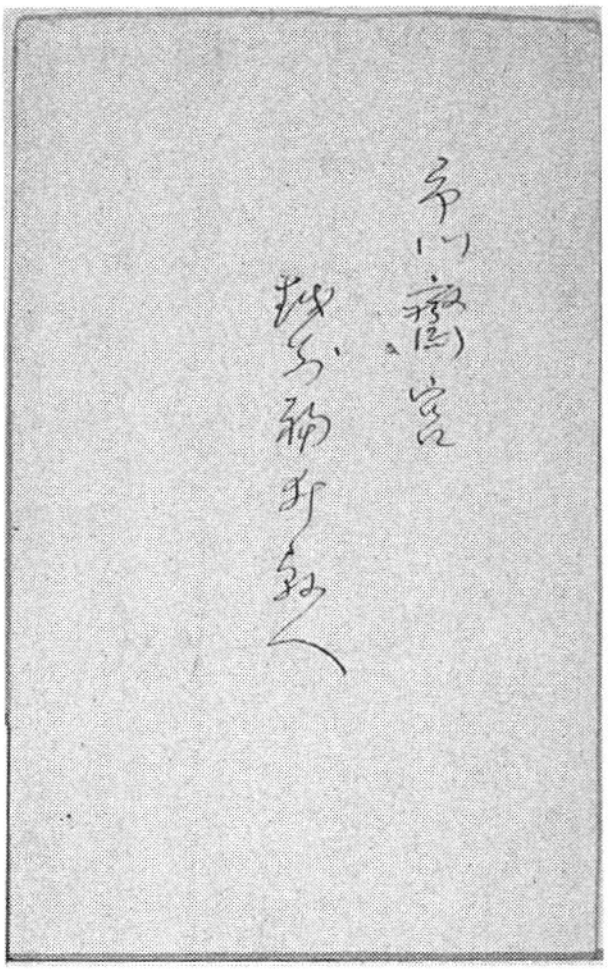

【写真47】【写真46】の裏

の記述でも判る。（註8）

∴

（七）以上のことからも近藤勇の写真が慶応年間に当時の京都（あるいは大坂）で、堀與兵衛が撮影したことはもはや確実なのだが、残された問題はまだある。その一つが近藤勇の写真の正確な撮影日時とその撮影場所の問題ではあるが、これは新たな文字資料（日記、書簡、記録など）や、他の新たな写真などがまだ発見されていないため確定できない。

そのため撮影日時は、おそらく慶応年間だろうという推測しかできないのだが、佐藤彦五郎子孫宅所蔵の写真裏面の右側に、「京都より彦五郎に持参せしもの（慶応二年頃）」と青いペン字で書かれ、左側に「第四世　天然理心流　近藤勇」と墨書きされていることから、後世の記述ながら撮影年度は慶応二年頃ということが一応は考えられる。その時期としては、近藤勇が最初に広島出張（慶応元年十一月四日から八日）した前後か、再び広島出張（翌慶応二年一月二十七日京都出立、三月十二日帰京）を命じられた前後に撮影されたのではないだろうか。

撮影場所については推測にはなるが、通常は堀與兵衛の京都の寺町佛光寺南の写真館か、祇園支店と考えられるのだが、屯所などへの出張撮影ということも充分考えられるため、残念ながらまだこれも確定できない。

∴

（八）そこで、「近藤勇が両腕を下ろしているポーズの写真」（A）と「近藤勇が両腕を組んでいるポーズの写真」（B）を、詳細に画像分析してみることにする。【写真比較分析図1】はAとBの写真を比較分析したもので以下のことが判る。

①　Aは敷物の中央に座っているが、Bはやや左に座っている（座る位置が違う）。

②　同様に太刀台の位置も違う。

③　Aの太刀に付いている下げ緒は巻きついているが、Bは下げ緒が下がっている（太刀の掛け方が違う）。

④　Aはカメラのレンズの高さが床より高いが、Bはほぼ水平である（カメラ位置、レンズの高さなど、カメラアングルが違う）。

以上の四点から、同日に別の時間帯で二度撮影されたものか、日をおいて二度撮影されたことが、写真画像分析によって判明した。

∴

（九）次に近藤勇が敷いている敷物を、同様に詳細に画像分析してみると、【写真比較分析図2】と【写真比較分析図3】より、この敷物の敷いてある向きが各写真によって違うということが判る。例えば近藤勇の写真と「松本良順の写真」を比較すると、同じ敷物を敷く際に、それぞれ百八十度反対側から撮影されているため、中央の逆ピラミッド型の模様が別になっている。また、この敷物は京都

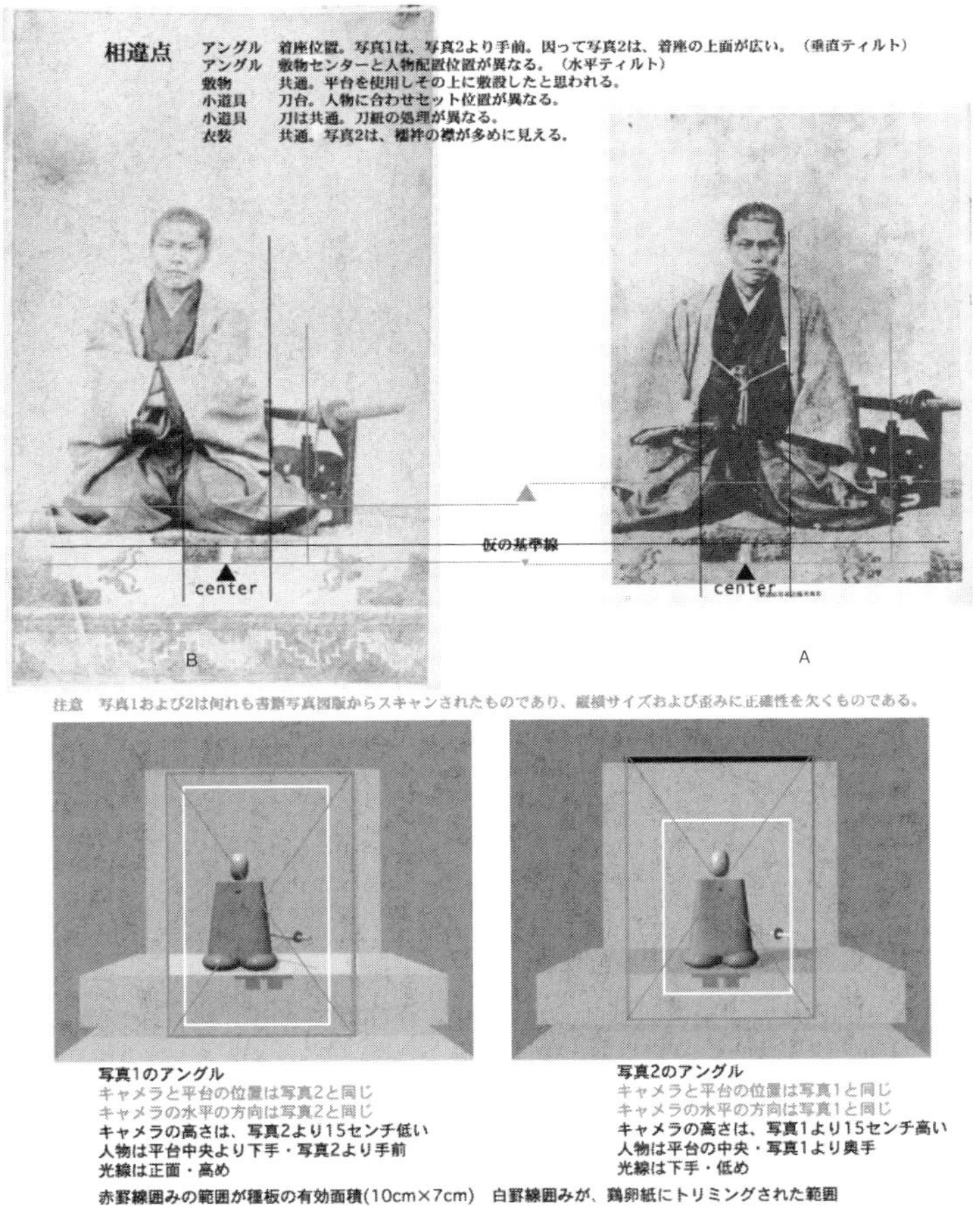
相違点
アングル　着座位置。写真1は、写真2より手前。因って写真2は、着座の上面が広い。（垂直ティルト）
アングル　敷物センターと人物配置位置が異なる。（水平ティルト）
敷物　共通。平台を使用しその上に敷設したと思われる。
小道具　刀台。人物に合わせセット位置が異なる。
小道具　刀は共通。刀紐の処理が異なる。
衣装　共通。写真2は、襦袢の襟が多めに見える。
仮の基準線
center
center
B
A
注意　写真1および2は何れも書籍写真図版からスキャンされたものであり、縦横サイズおよび歪みに正確性を欠くものである。
写真1のアングル
キャメラと平台の位置は写真2と同じ
キャメラの水平の方向は写真2と同じ
キャメラの高さは、写真2より15センチ低い
人物は平台中央より下手・写真2より手前
光線は正面・高め
写真2のアングル
キャメラと平台の位置は写真1と同じ
キャメラの水平の方向は写真1と同じ
キャメラの高さは、写真1より15センチ高い
人物は平台の中央・写真1より奥手
光線は下手・低め
赤罫線囲みの範囲が種板の有効面積(10cm×7cm)　白罫線囲みが、鶏卵紙にトリミングされた範囲

【写真比較分析図 1】

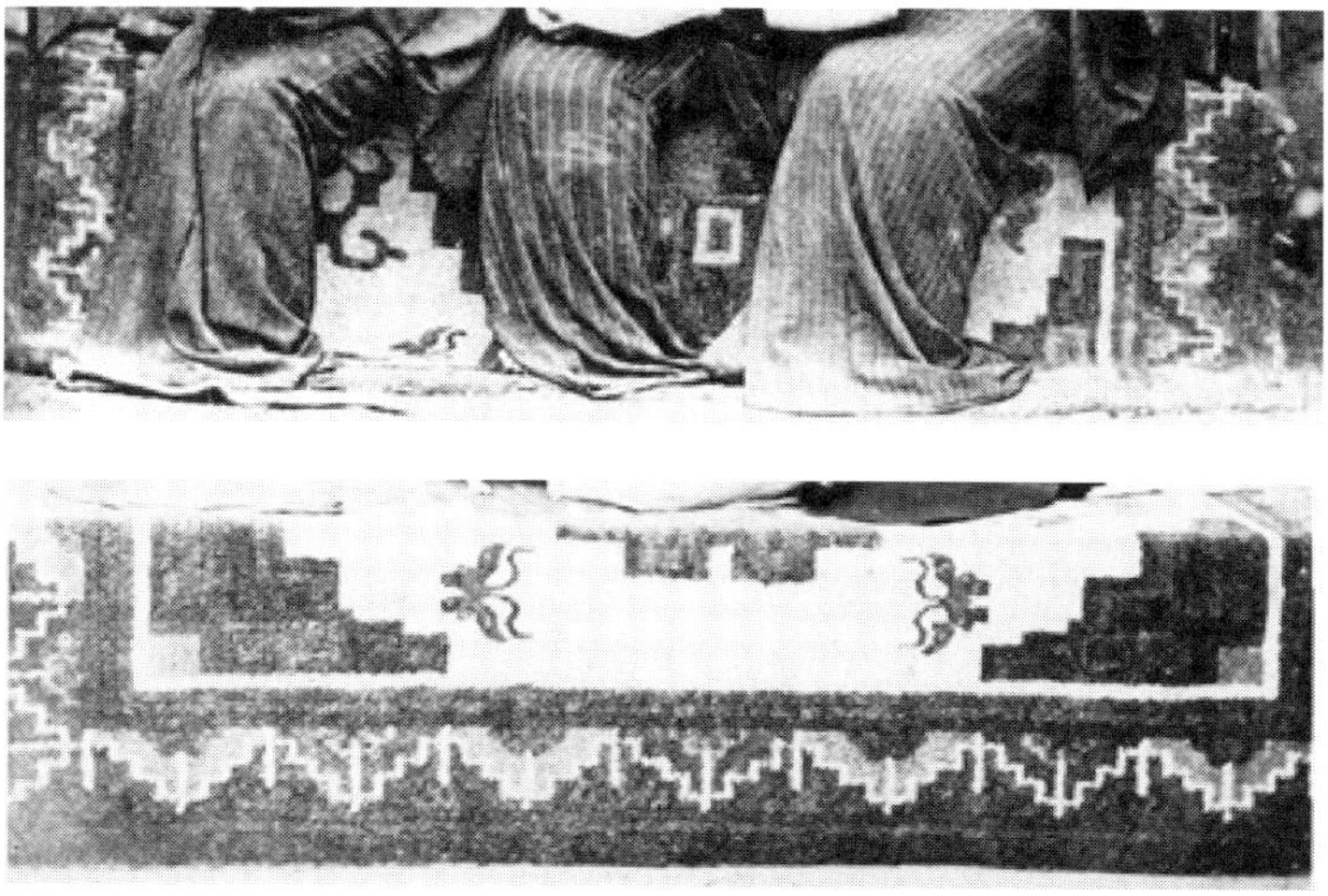

【写真比較分析図 2】

の華道、茶道、公家たちが好んで使用していた「鍋島緞通」ということもその柄の模様から判明した。

∴

（十）残る課題は、オリジナル原板（アンブロタイプ）あるいはオリジナルプリント（鶏卵紙）の行方であるが、特にオリジナル原板（アンブロタイプ）は現在見つかっていない。堀與兵衛の写真館では客に求められればガラス湿板の形で専用の桐箱に入れて売り渡すこともあるが、通常は鶏卵紙の紙焼きを複数枚客に渡していたことが売上帳の記録から判っている。また、堀與兵衛の写真館では客に紙焼きを複数枚渡せば、そのガラス原板は使いまわしていたので、近藤勇の写真もオリジナルのガラス原板は残っていない可能性も考えられる。このためであろうか近藤勇の親族である

木村喜毅

近藤勇1

【敷物の柄の推定図】

松本良順

【写真比較分析図 3】

宮川勇五郎家、佐藤彦五郎家のご子孫宅にもガラス湿板写真は残されてない。

おわりに

現在残っている近藤勇の写真は二十一点ばかりで複写の名刺判写真が多いとはいえ、その貴重性は変わらない。近藤勇の写真についてはまだまだ研究の余地はあるが、そのため今後も先人の研究成果を踏まえつつ、様々な古写真資料を探求し、再確認してゆくという地道な作業が必要だろう。

また、撮影日時、撮影場所の特定については、さらに今後も新撰組、幕末史、写真史の研究者の方々からもご意見を伺いたいと考えている。

〔註〕

註1　この写真は川崎泰市編『鴨の流れ　第14号』（大西荘三郎・京都維新を語る会会長発行、二〇〇六年五月一日発行）52頁に掲載されている。

註2　近藤勇の写真の代表的な「内田九一撮影説」について。

昭和八年一月の鈴木要吾著『江戸医学所と近藤勇』にある近藤勇の写真のキャプションに、以下のように記載されている。

近藤勇の寫眞
慶応四年二月江戸医学所頭
取松本良順役宅に於て寫せ
しもの（写真師内田九一）

昭和八年八月二十三日に発行された鈴木要吾『蘭学全盛時代と蘭疇の生涯』の「一般に知られて居る近藤勇の写真――刀掛けを脊にして単座した、ひつつめ髪の物凄い顔貌――は矢張りこの内田が寫したものである」という記述及び、鈴木要吾氏の没後に出版された『明治維新奇譚』（明玄書房、平成二一年）の「写真の渡来で庶民は恐怖」の中で、「（前略）内田が江戸へ来て撮ったもっとも古い写真は、西洋医学所頭取松本良順の邸宅南向の縁側で、慶応四年に写した近藤勇の写真である。紋付、袴、髪を大たぶさに結って、両手を膝に突き立てたもの（一般に知られている）、もう一枚は同様な姿で両腕を組んだものである（後略）」と記述して、内田九一が撮影したと書かれているが、残念ながらその根拠は何も記述されていない。これらの記述は松本棟一郎談話によると思われるが、はっきりとした根拠がわからない。また、鈴木要吾氏は昭和二十年四月十一日に亡くなられた。

松尾矗明「写真史より観たる　松本良順・4」（『写真雑誌アサヒカメラ』六月號東京朝日新聞社・大阪朝日新聞社、昭和九年六月一日発行）によれば、松尾矗明氏は「鈴木要吾氏の助勢及び助言に預った」と断りながらも、「江戸医学所（良順役宅）で慶応四年春二月、九一撮影と云ふ従来のものとは違った近藤勇の写真が発見された。これは後に良順の次男として入籍され現在八十三歳にて生存されて居る松本棟一郎翁がよく御承知で、常時其人も現場に居られ、また勇が良順役宅に起居して居る模様をはつきりと記憶されて居る。小さい事乍ら勇の写真が何年何處で何と云ふ写真師が写したか知られて居らなかつたのであるから、それだけ知れただけでも面白い事である」と記述しているが、松尾矗明氏も鈴木要吾氏から聞いた助言を元に記述したに過ぎない。

また、東京都港区立港郷土資料館編『写真集　近代日本を支えた人々　井関盛艮旧蔵コレクション』（東京都港区教育委員会、平成三年三月）に掲載されている近藤勇の写真を「伝　内田九一」と鑑定した小沢健志先生は、昭和三十年代に古写真コレクターでもあった石黒敬七氏（古写真蒐集家・石黒敬章氏の父）が、金丸重嶺先生（写真史研究の重鎮）を訪ねた際に、二人がこの近藤勇の写真について内田九一説について話していた内容から、そのときに同席していた小沢健志先生（小沢健志先生は金丸重嶺先生の弟子）は「伝　内田九一」と鑑定したという。また、最近では小沢健志編『幕末　写真の時代』に掲載されている近藤勇の写真キャプションで、「近藤勇　内田九一撮影　慶応年間（一八六五～六八）末頃　鶏卵紙」とされたが、これも残念ながらその根拠は何も記述されていないため断定できない。

桜井孝三「『近藤勇の写真』撮影地を確定する」（『歴史読本』一九九九年　十一月号）では、近藤勇と松本良順の写真に写っている敷物の柄が同一であること、また、昭和八年一月の鈴木要吾『江戸医学所と近藤勇』にある記述から、この近藤勇の写真が慶応四年二月頃、江戸の医師松本良順の医学所頭取役宅で内田九一の手により撮影されたものと論述されている。しかし、近藤勇の写真と松本良順の写真に写っている敷物の柄が同一であることはよくわかるが、なぜこの推定が近藤勇の写真が慶応四年二月頃、江戸の医師松本良順の医学所頭取役宅で内田九一の手により撮影されたものと言えるのか、これも残念ながらその論理的な根拠は何も記述されていない。

それ以後、諸書で内田九一撮影説を書かれている人もいるようだが、それらはすべて上記の孫引きで何の根拠もない。

註3　近藤勇の写真の代表的な「下岡蓮杖撮影説」について。

「大礼服姿の大名」と「狩衣姿の大名」の二枚の写真は、石黒敬章氏が『下岡蓮杖写真集』で、下岡蓮杖が撮影したという他の名刺判写真といっしょにあったことから、下岡蓮杖撮影説をとられた。「大礼服姿の大名」の写真は、小沢健志編『新版　古写真で見る幕末・明治』（世界文化社、平成一二年）にも掲載されており、「関白」（一八六〇年頃、下岡蓮杖か）とキャプションのある写真とも同じ写真である。「狩衣姿の大名」の写真は、株式会社丸善の古写真 CD-ROM『本朝写真事始』にて紹介されている「烏帽子、狩衣の大名」（下岡蓮杖、九×六、モノクロ）とキャプションのある写真と同じ写真である。

この「大礼服姿の大名」と「狩衣姿の大名」の二枚の写真が、下岡蓮杖の撮影という確定的な証拠が他にないため（台紙の裏書、形状など）、今のところ断定できるのはこれらの写真に写っている逆階段ピラミッド状の模様と近藤勇の写真に写っている逆階段ピラミッド状の模様が同じということのみであり、これだけでは下岡蓮杖撮影とはいえない。このため、石黒敬章氏は後日、この下岡蓮杖撮影説は撤回された。

これとは別に増田光明氏は著書の『新撰組五兵衛新田始末』（崙書房出版、平成一八年）で下岡蓮杖撮影説を唱えたが、これも幕末期の京都の初期写真史をよく知らなかったこともあり、増田光明氏も下岡蓮杖撮影説を撤回された。

それ以後、諸書で下岡蓮杖撮影説を書かれている人もいるようだが、それらはすべて上記の孫引きで何の根拠もない。

註4　近藤勇の写真の代表的な「上野彦馬撮影説」について。

八幡政男『上野彦馬　幕末のプロカメラマン　文明開化の先駆者たち〈1〉』（長崎書房、昭和五一年）の「三　幻の写真　西郷隆盛と近藤勇」の章で八幡政男氏は、「文久三年夏、上野彦馬は京都に上り、徳川慶喜や近藤勇などを写したふしがある」と述べているが、「その写真がまだ発見されないので、確証はない」とも述べている。そのためこれも推測にすぎない。

註5　近藤勇の写真の「京都の写真師・日登見説」について。

宇高随生『写真事始め　もう一人の先覚者』（柳原書店、昭和五一年）で故宇高随生先生は、「寺町の誓願寺境内で写真師日登見が新撰組の近藤勇の写真を撮っている。ならばこの撮影は慶応四年の鳥羽伏見の戦以前のことでなければならない」と述べているが、これもその根拠は不明で推測にすぎない。

昭和六十一年四月十日から五月十一日まで開催された京都の霊山歴史館の特別展「幕末大名家の名品と古写真に見る世相」の「展示品目録」によれば、近藤勇の写真が出品されている。このときの近藤勇の写真の、宇高随生氏によると思われる写真の説明書きには、その根拠は不明だが、「勇の唯一の写真で、慶応年間に寺町の誓願寺境内で日登見が撮影したという」と書かれているが、この根拠も不明である。

註6　堀與兵衛（大坂屋與兵衛・初代堀真澄・保利與兵衛）。文政九年（一八二六）～明治十三年（一八八〇）。業種・写真館。住所・元治元年（一八六四）三月～明治十三年（一八八〇）京都寺町通仏光寺内。慶応年間（c一八六五）～?年。出店・京都祇園町切場。

京都境町で生まれ、幼名を松次郎といった。大坂屋と号し丸太町で硝子製造業を始めた。模造砂金石を硝子で製造する事を発明し巨利を得た。この頃に與兵衛と改名する。文久二年頃（c一八六二）辻禮輔、明石博高、亀谷徳次郎に写真化学を学び、文久三年（一八六三）紙写真法を研究して紙焼きに成功した。元治元年（一八六四）三月、寺町通りで二階建てガラス屋根の写真館を創建し、慶応年間には祇園町に支店を設けた。またその頃「西洋写真薬法書」の稿本がある。仁和寺宮還俗を撮影の時「月の家真澄」の名を拝受し舎密局に勤務した。明治十三年（一八八〇）には京都府博覧会の審査員を務めた。没後は長男に継承された。明治元年（一八六八）の戊辰戦争の際に撮影された湿板写真を確認した。桐箱の蓋に「西洋伝方　写真処　出店祇園町切場　保利與平衛　皇都寺町通仏光寺内」と記されていた（井桜直美&トーリン・ボイド共著『セピア色の肖像』日本カメラ博物館監修、朝日ソノラマ、二〇〇〇年より）。

堀與兵衛は元治元年頃から写真に専念し慶応元年に邸内に写場を設け、写真業を営業した。佐幕派、倒幕派共に、様々な人物が客としてこの堀與兵衛に撮影されている。新撰組の隊士・谷万太郎の写真、土佐藩の小目付役として京都にいた谷干城の写真、慶応二年十一月二十四日に撮影された薩長同盟の立役者中岡慎太郎の坐像写真、同じ慶応二年十一月二十四日に中岡慎太郎が義兄の北川武平治の上洛を記念して撮影した女性同伴の三人写真（元はこの中岡慎太郎と舞妓の二人が写っていたようだが、中岡自身が差しさわりがあって小柄で舞妓の写っていた部分を削り取った写真）、陸援隊士片岡源馬・大橋慎三（橋本鉄猪）・田中顕助の集合写真、土佐藩士小笠原唯八、福井藩士萩原縫、津藤堂藩士奥田清十郎、京都勤皇派商人鹿野安兵衛の写真、山田顕義、田中光顕、岡本健三郎と佐々木高行、足立たかと岡本健三郎、長岡謙吉、依田学海、侍とモデルの女性の二人が写った写真、四人の女たち等の写真などがそうである。

註7　堀與兵衛の祇園支店で撮影された「生け花と女」の写真。小沢健志編『保存版　古写真で見る幕末・明治の美人図鑑』（世界文化社、二〇〇一年）、四十八頁掲載写真参照。「タバコを吸う女」の写真。前掲書

四十八頁参照。「女たち」の写真。前掲書四十九頁参照。

註8　原平三の「市川兼恭」（『幕末洋学史の研究』新人物往来社、一九九二年）によると「兼恭は九月十九日勘定奉行小栗上野介に随行発途、九月二十五日着京、十二月九日帰府の途についた。この間における彼の仕事は、電信機の取り扱いを新将軍徳川慶喜の上覧に供し、のちこれを木村宗三、神山鏡太郎にその運転法を伝習した」とある。また、入京した市川斎宮は西周・津田真道・川上冬崖とともに京都東町奉行組屋敷に入る。そこが「狭隘なるを嫌ひ、上京黒門通中立売下る榎本町柳屋甚七の家に移る」（森鴎外『西周伝』）とある。

【参考文献】

【はじめに】
財団法人霊山歴史館編『機関誌　維新の道』一一五号　財団法人霊山歴史館、2004
足立区立郷土博物館編『足立史談』四八八号、四八九号　足立区立郷土博物館、2008
【一　近藤勇が両腕を下ろしているポーズの写真】
新人物往来社編『別冊歴史読本（九三）サムライ古写真帖－武士道に生きた男たちの肖像』新人物往来社、2004
永見徳太郎編纂『珍らしい寫真』粹古堂、1932
大谷利彦『長崎南蛮余情　永見徳太郎の生涯』長崎文献社、1988

大谷利彦『続長崎南蛮余情　永見徳太郎の生涯』長崎文献社、1990
『旧幕府』（「新旧時代」大正十六年一月一日発行）
川崎泰市編『鴨の流れ　第十四号』大西荘三郎（京都維新を語る会会長）発行、2006

【二　近藤勇が両腕を組んでいるポーズの名刺判写真】

新人物往来社編『別冊歴史読本　新選組超読本［新選組クロニクル］入門篇』新人物往来社、2003
清水克悦『多摩「新選組」の小道』けやき出版、2003
多田敏捷編『おもちゃ博物館二十三　玩具で見る日本近代史（Ⅰ）』京都書院、1992
土方愛『子孫が語る土方歳三』新人物往来社、2005
東京都港区立港郷土資料館編『写真集　近代日本を支えた人々　井関盛艮旧蔵コレクション』東京都港区教育委員会、1991
2001年11月に横浜の有隣堂本店で開催された「第二十七回ヨコハマ古書まつり」の『一心堂書店販売目録』

【三　その他の近藤勇の写真】

万代修『実録・京都見廻組史―秘められた歴史と人物―』『歴史研究』昭和五十四年六月号、歴史研究会
浅田康夫『横浜市会の新選組生き残り―川村三郎』『郷土よこはま』一〇四号　横浜市立図書館、1987
藤田英昭「八王子出身の幕末志士川村恵十郎についての一考察」松尾正人編『近代日本の形成と地域社会多摩の政治と文化』、岩田書院、2006

川村文吾『幕臣川村恵十郎（正平）』『霊山歴史館紀要』第十号、1997
杉村悦郎『新選組永倉新八外伝』新人物往来社、2003
杉村悦郎・杉村和紀共著『新選組永倉新八のひ孫がつくった本』柏艪舎、2005
杉村悦郎『子孫が語る永倉新八』新人物往来社、2009
釣洋一『新選組写真全集』新人物往来社、1997
齊藤多喜夫『ハマの新撰組二代記―川村三郎と高橋正夫のこと―』『横濱』六号（2004年秋号）、編集・発行：横浜市市民局広報課
菊地明『新選組十番隊長　原田佐之助』新人物往来社、2009
水野悠子「近藤勇の忘れ形見・考」『成田山仏教図書館報』復刻第七四号
東洋文化協会編『幕末明治文化変遷史』東洋文化協会、訂正増補再版、1930
三鷹市教育委員会編『吉野泰三没後100年記念展示会「亀の子医者」の自由民権展―吉野泰三・青雲の志』三鷹市教育委員会、1996
三鷹市教育委員会編『三鷹吉野泰平家文書目録　一』三鷹市教育委員会編・発行、1995
三鷹市教育委員会編『多摩の民権と吉野泰三　三鷹吉野泰平家文書考察集』三鷹市教育委員会編・発行、1999
佐藤文明『未完の「多摩共和国」新選組と民権の郷』凱国社、2005
小島資料館蔵『客窓雑記』

【四　京都の写真師・堀與兵衛撮影説】

田中緑紅『明治文化と明石博高翁』明石博高翁顕彰会、1942
京都府写真師会創設一〇〇年記念年表編集委員会編『京都写真史年表』京都府写真師会、1979
京阪神写真師会編『創立二十五周年記念誌 京阪神写真師会沿革』京阪神写真師大会、1922
石田有年編『工商技術都の魁（上・下）』石田才次郎、1883
宇高随生『写真事始め もう一人の先覚者』柳原書店、1979
京都映像資料研究会編『古写真で語る京都 映像資料の可能性』淡交社、2004
佐々木豊明編『大阪写真百年史 大阪府写真師協会創立七十年誌』大阪府写真師協会事務局発行、1972
堀光彦「幕末の写真師 大坂屋與兵衛」京都映像資料研究会編『古写真で語る京都 映像資料の可能性』淡交社、2004
白木正俊「京都写真史についての試論」京都映像資料研究会編『古写真で語る京都 映像資料の可能性』淡交社、2004
堀真澄（二代目）『堀家三代履歴書』（一九〇七年、堀光彦氏所蔵）（「創業ハ元治元年三月ニシテ」の記述有り）
小沢健志編『幕末 写真の時代』筑摩書房、1994
上記を再編集した小沢健志編『幕末 写真の時代』筑摩書房、ちくま学芸文庫、1996
三木淳総責任監修・本多進次編集構成・小沢健志著『日本の写真史〔幕末の伝播から明治期まで〕』ニッコールクラブ、1986

小沢健志編『幕末・明治の写真』筑摩書房、ちくま学芸文庫
「木村摂津守の写真」（木村家所蔵、横浜開港資料館保管）
横浜開港資料館編『木村芥舟とその資料　旧幕臣の記録』横浜開港資料普及協会、1988
石田純郎『江戸のオランダ医』三省堂、1988
長崎大学所蔵『ボードウィン・アルバム』（ボードウィン・コレクション（一））
『明治古典会七夕古書大入札会図録』明治古典会、2009
日本写真文化協会編『社団法人日本写真文化協会創立五十周年記念　写真歴史展「日本の肖像」幕末から明治・大正・昭和』社団法人日本写真文化協会、1999
石黒敬章編『下岡蓮杖写真集』新潮社、1999
小沢健志編『新版　写真で見る幕末・明治』世界文化社、2000
小沢健志編『保存版　古写真で見る幕末・明治の美人図鑑』世界文化社、2001
株式会社丸善の古写真 CD-ROM『本朝写真事始』
斎藤多喜夫『幕末明治・横浜写真館物語』吉川弘文館、2004
「竜馬暗殺の指令者？」（読売新聞大阪版昭和五十四年四月二十八日付、新聞記事）
万代修『幕末・維新こぼれ話』私家本　1991
毎日新聞社編『決定版　昭和史　1巻　昭和前史・文明開化』毎日新聞社、1984
『木村摂津守喜毅日記』（慶應義塾図書館編、塙書房、1977）の「丙寅西航日記」（慶応二年八月二十九日より慶応三年十月晦日まで）参照

『同方会報告』第十三号（明治三十二年十二月三十一日、同方会刊）の林若樹が松本良順から聞き書きした記事
松本順『蘭疇翁（松本順）昔日譚』醫海時報、1900
松本順『蘭疇自伝』平凡社東洋文庫、1980
鈴木要吾『江戸医学所と近藤勇』（『医文学』第九巻第一号（昭和八年一月一日、医文学刊）の鈴木要吾の記事）
鈴木要吾『蘭学全盛時代と蘭疇の生涯』東京医事新誌局、1933
鈴木要吾『明治維新奇譚』明玄書房、1990
松尾矗明「写真史より観たる　松本良順・4」（『写真雑誌アサヒカメラ』六月號東京朝日新聞社・大阪朝日新聞社、昭和九年六月一日発行）
子母澤寛『花の雨』講談社、1958
子母澤寛『狼と鷹』文芸春秋社、1967
吉村昭『日本医家伝』講談社、1973
司馬遼太郎『胡蝶の夢』新潮社、1979
村上一郎『蘭医佐藤泰然〜その生涯とその一族門流〜』一房總郷土研究會、1986
篠田達明『空の石碑　幕府医官松本良順』日本放送出版協会、2001
吉村昭『暁の旅人』講談社、2005
高輪真澄「幕末幕臣の惣髪化について」慶應義塾大学院『国史研究会年報』、1983

宮地佐一郎『中岡慎太郎全集　全一巻』勁草書房、1991
梅本貞雄『日本写真界の物故功労者顕彰録』日本写真協会、1952
井桜直美&トーリン・ボイド共著『セピア色の肖像』日本カメラ博物館監修、朝日ソノラマ、2000
「本邦寫眞家列傳（其十四）・故内田九一」（原田栗園『写真新報』第一六二号　明治四十五年三月）
桑田正三郎編『月乃鏡』桑田商会　大正五年「故内田九一先生」の項
松尾矗明「写真史より観たる　松本良順・4　良順と高名写真師内田九一」『写真雑誌アサヒカメラ』六月號東京朝日新聞社・大阪朝日新聞社、昭和九年六月一日発行
斎藤月岑『増訂　武江年表（二）』「巻之九」東洋文庫一一八　金子光晴校訂、平凡社、1968
石井研堂『明治事物起源　第十一編　農工部』筑摩書房、ちくま学芸文庫「明治事物起原6」、1997
マリサ・ディ・ルッソ、石黒敬章監修『大日本全国名所一覧』（平凡社、2001）の巻末記載「九州における写真技術の導入と伝播」姫野順一
内田写真株式会社編『創業一二三年改革への道』内田写真株式会社、1995
森重和雄『幕末・明治の写真師・内田九一　～内田写真株式会社一三五年記念誌～』内田写真株式会社、2005
桑田正三郎編『月乃鏡』桑田商会　大正五年「上野彦馬」の項
八幡政男『上野彦馬　幕末のプロカメラマン　文明開化の先駆者たち〈1〉』長崎書房、1976
八幡政男『評伝　上野彦馬』武蔵野書房、1993
八幡政男『写真技師上野彦馬』マルジュ社、1986

渋沢栄一伝記資料刊行会編『渋沢栄一伝記資料』第一巻　渋沢栄一伝記資料刊行会、1944
東京大学史料編纂所所蔵『開成所事務　外務省引継書類之内四一』
倉沢剛『幕末教育史の研究　二』吉川弘文館、1983
原平三『幕末洋学史の研究』「市川兼恭」の項　新人物往来社、1992

【その他】

社団法人日本写真文化協会編『写真館のあゆみ―日本営業写真史―』社団法人日本写真文化協会、1989
社団法人日本写真協会編『日本写真史年表』社団法人日本写真協会、1976
亀井武編『日本写真史への証言（上下）（東京都写真美術館叢書）』淡交社、1997
日本歴史学会編『明治維新人名辞典』吉川弘文館、1982
黒板勝美編『新訂増補　国史大系　第51巻　続徳川実紀　第4篇』国史大系刊行会、1936
黒板勝美編『新訂増補　国史大系　第52巻　続徳川実紀　第5篇』国史大系刊行会、1936
毎日新聞社編『1億人の昭和史　13昭和の原点　明治　中　富国強兵への道』毎日新聞社、1977

【新撰組、京都見廻組関係の参考書籍】

新撰組、京都見廻組関係などについては主に以下の参考文献などを参照にさせていただいた。（順不同）

篠田鉱造『幕末百話』内外出版協会、1905
東京日日新聞社社会部編『戊辰物語』万里閣書房、1928
新人物往来社編『新選組史料集』新人物往来社、1995

新人物往来社編『新選組写真集』新人物往来社、1974
新人物往来社編『続新選組史料集』新人物往来社、2006
菊地明・伊東成郎・山村竜也編『写真集新選組散華』新人物往来社、1983
菊地明・伊東成郎・山村竜也編『新選組日誌　上・下』新人物往来社、1999
新人物往来社編『別冊歴史読本　新選組超読本〔新選組クロニクル〕入門篇』新人物往来社、2003
新人物往来社編『別冊歴史読本　新選組超読本〔新選組クロニクル〕通史篇』新人物往来社、2003
相川司・菊地明『新選組実録（ちくま新書）』筑摩書房、1996
松浦玲『新撰組』岩波新書、2003
大石学『新選組―「最後の武士」の実像（中公新書）』中央公論新社、2004
鈴木亨『新選組一〇〇話（中公文庫）』中央公論新社、1996
木村幸比古編著・訳『新撰組戦場日記　永倉新八「浪士文久報国記事」を読む』PHP研究所、1998
木村幸比古『新撰組日記　永倉新八日記・島田魁日記を読む』PHP新書、2003
平尾道雄『新撰組史』私家版、1928
子母澤寛『新選組始末記』万里閣書房、1928
子母澤寛『新選組遺聞』万里閣書房、1929
子母澤寛『新選組物語』春陽堂、1931
子母澤寛『新選組始末記』中公文庫、1977
子母澤寛『新選組遺聞』中公文庫、1977

子母澤寛『新選組物語』 中公文庫、1977
新人物往来社編『新選組大人名辞典　上・下』 新人物往来社、2001
新人物往来社編、『別冊歴史読本』⑱「新撰組　組長列伝」新人物往来社、2002
永倉新八『新撰組顛末記』 新人物往来社、1971
中村彰彦『新撰組全史　幕末・京都編』 文春文庫、2001
中村彰彦『新撰組全史　戊辰・函館編』 文春文庫、2001
中村彰彦『新撰組紀行』 文春文庫、2003
山川　浩著・遠山茂樹校注・金子光晴訳『京都守護職始末（一）』 平凡社東洋文庫、1969
山川　浩著・遠山茂樹校注・金子光晴訳『京都守護職始末（二）』 平凡社東洋文庫、1969
新人物往来社編『新選組大事典』 新人物往来社、1974
相川司・菊地明『新選組実録（ちくま新書）』 筑摩書房、1996
菊地明『京都見廻組史録』 新人物往来社、2005
司馬遼太郎『見廻組のこと』 新潮社「小説新潮」昭和四十八年新年特別号
山形紘『新編・新撰組流山始末―幕末の下総と近藤勇一件』 崙書房出版、2006
あさくらゆう『慶応四年新撰組近藤勇始末―江戸から五兵衛新田・流山・板橋まで』 崙書房出版、2006
増田光明『新撰組五兵衛新田始末』 崙書房出版、2006
松下英治『新選組流山顛末記』 新人物往来社、2009

黒金ヒロシ『京都見廻組』ＰＨＰ研究所、２００３
桜井孝三「近藤勇の写真撮影地を確定する」『歴史読本』１９９９年11月号
宇高随生「幕末京の写真師与兵衛の売上帳（上・下）」『土佐史談』復刻第五十号、第一二九号、１９７１
宇高随生「幕末京の写真師」財団法人霊山歴史館編『機関誌　維新の道』第四十一号（財団法人霊山歴史館、昭和六十一年四月一日）より
宮川豊治「明治を創った人々（42）近藤勇」財団法人霊山歴史館編『機関誌　維新の道』第四十五号財団法人霊山歴史館、昭和六十二年四月十五日
釣洋一「金港新選組雑俎」『郷土よこはま』七十三号　横浜市立図書館、１９７５
万代修「実録・京都見廻組史―秘められた歴史と人物―」『歴史研究』昭和五十四年六月号、歴史研究会１９７９
浅田康夫「横浜市会の新選組生き残り―川村三郎」『郷土よこはま』一〇四号／横浜市立図書館、１９８７
齊藤多喜夫「ハマの新撰組二代記―川村三郎と高橋正夫のこと―」『横濱』六号　編集・発行：横浜市市民局広報課、２００４年秋号）
藤田英昭「八王子出身の幕末志士川村恵十郎についての一考察」松尾正人編『近代日本の形成と地域社会多摩の政治と文化』、岩田書院、２００６
川村文吾「幕臣川村惠十郎（正平）」『霊山歴史館紀要』第十号、１９９７

【参考論文その他】

ナカガワフォトギャラリー・中川邦昭『知恩院・京都写真発祥の地―堀内信重の業績―』
西城浩志「宇高随生「写真事始め」について」日本写真学会編『日本写真芸術学会誌特別号　写真と文化財との関わり』日本写真学会
市居浩一「京都見廻組の概要」『霊山歴史館紀要』第二号、1989
堀光彦「幕末の写真師　大坂屋與兵衛」京都映像資料研究会編『古写真で語る京都　映像資料の可能性』淡交社、2004
白木正俊「京都写真史についての試論」京都映像資料研究会編『古写真で語る京都　映像資料の可能性』淡交社、2004
「竜馬暗殺の指令者?」読売新聞（大阪版）昭和五十四年四月二十八日付記事
中川邦昭「大坂屋与兵衛」京都新聞（夕刊）平成六年三月二十日付記事
水野悠子「近藤勇の忘れ形見・考」『成田山仏教図書館報』復刻第七四号

和暦	西暦	関連事項
文久2	1862	1／15坂下門外の変、3／24龍馬・土佐藩脱藩、4／23寺田屋事件、6／6西郷・遠島処分、8／21生麦事件、閏8／1松平容保・京都守護職拝命、12月龍馬・勝海舟面会弟子となる、［上野彦馬・下岡蓮杖、長崎・横浜に写真場を開業する］
文久3	1863	2／23近藤・歳三ら浪士組入京、6／7高杉晋作ら奇兵隊編成、7／2薩英戦争、8／17天誅組の乱、8／18八月十八日の政変、［写真師F・ベアト来日する］
元治元2／20	1864	3／27水戸天狗党の乱、6／5池田屋事件、7／19禁門の変、8／2第一次長州征伐、8／5四国連合艦隊下関攻撃
慶応元4／7	1865	4月歳三・隊士募集で東下、5月龍馬・亀山社中（後に海援隊と改称）結成
慶応2	1866	1／22薩長同盟密約、6／7第二次長州征伐、7／20徳川家茂14代将軍没（21歳）、12／5徳川慶喜15代将軍となる、12／25孝明天皇崩御（36歳）
慶応3	1867	1／9睦仁親王（明治天皇）践祚、4／14 高杉晋作没（29歳）、6／9船中八策策定、8月「ええじゃないか」おこる、10／14大政奉還、11／15龍馬・京にて暗殺（33歳）、中岡慎太郎共に暗殺（30歳）、12／9王政復古の大号令
明治元9／8	1868	1／3鳥羽伏見の戦、3／6近藤・歳三ら勝沼の戦敗退、3／14五カ条の御誓文発表、4／11江戸城無血開城、4／25近藤・板橋にて刑死（35歳）、5／3奥羽越列藩同盟成立、9／22会津藩降伏、12／15榎本武揚ら五稜郭に仮政権樹立
明治2	1869	1／20版籍奉還、3／28東京遷都、5／11歳三・箱館にて戦死（35歳）、5／18戊辰戦争終結
明治3	1870	10／18岩崎弥太郎・九十九商会創立（翌年三菱商会と改称）、10月工部省設置
明治4	1871	7／14廃藩置県、11／3津田梅子らアメリカ留学を命ぜられる、11／12岩倉使節団出発、［イギリスで乾式コロジオン法（乾板写真）考案される］
明治5	1872	4月天皇・はじめての写真撮影、5／23天皇・西国巡幸に出発、9／13新橋横浜間鉄道開通、12／3太陽暦に改め、明治6年1月1日とする
明治6	1873	1／10徴兵令、3／20天皇・断髪宣言、9／13岩倉特命全権大使帰国、10／18天皇・洋装大礼服で写真撮影、10／24征韓論政変
明治7	1874	2／4佐賀の乱、5／2台湾出兵、6月鹿児島に私学校できる
明治8	1875	2／11大久保利通ら大阪会議、9／20江華島事件
明治9	1876	2／26日朝修好条規調印、3／28廃刀令、6／2天皇・東北北海道巡幸に出発、10月神風連の乱、秋月の乱、萩の乱おこる
明治10	1877	2／15西南戦争始まる、5／26木戸孝允没（45歳）、9／24西郷隆盛・城山にて自刃（51歳）
明治11	1878	5／14大久保利通・紀尾井坂にて刺殺（49歳）
明治45	1912	7／30明治天皇崩御（61歳）、嘉仁親王（大正天皇）践祚

［備考］年の区切りは明治5年12／3より以前は太陰暦の年月日によっている。年齢は享年（数え年）で示した。岩波書店刊『日本史年表』、『国書人名辞典』などを参考にした。

【関連年表—英傑五人の時代】

和暦	西暦	関　連　事　項
文政 8	1825	2 月異国船討払令
文政 10	1827	12／7 西郷隆盛誕生
文政 11	1828	10 月シーボルト事件
天保元 12／10	1830	3 月伊勢お蔭参り大流行、7 月京都大地震
天保 4	1833	天保の大飢饉
天保 5	1834	3 月水野忠邦老中となる、10／5 近藤勇誕生
天保 6	1835	5／5 土方歳三誕生、11／15 坂本龍馬誕生
天保 8	1837	2 月大塩平八郎の乱、4 月徳川家斉 11 代将軍職を辞し、徳川家慶 12 代将軍となる
天保 10	1839	12 月蛮社の獄、［フランスでダゲレオタイプ（銀板写真）発表される］
天保 11	1840	［イギリスでカロタイプ（ネガ・ポジ法）特許取得される］
天保 12	1841	1 月大御所徳川家斉没、5 月天保の改革始まる
弘化元 12／2	1844	7 月オランダ国王開国進言
弘化 3	1846	1 月仁孝天皇崩御、2 月統仁親王（孝明天皇）践祚
弘化 4	1847	西郷・精忠組の基礎を作る
嘉永元 2／28	1848	11／11 近藤・試衛館へ入門、［上野彦馬の父がダゲレオタイプを購入する］
嘉永 4	1851	［イギリスで湿式コロジオン法（湿板写真）考案される］
嘉永 5	1852	7 月中浜万次郎・アメリカから土佐へ帰国、9／22 祐宮（明治天皇）誕生
嘉永 6	1853	4 月龍馬・千葉定吉道場入門、6／3 アメリカ東インド艦隊司令長官ペリー浦賀に来航、6／22 徳川家慶 12 代将軍没、7／18 ロシア使節プチャーチン長崎に来航、10／23 徳川家定 13 代将軍となる、12 月龍馬・佐久間象山私塾入門
安政元 11／27	1854	3／3 日米和親条約調印、12／21 日露和親条約調印
安政 2	1855	7／29 長崎に海軍伝習所開設される、10 月江戸大地震、［安政年間湿板写真導入される］
安政 3	1856	2 月江戸に蕃書調所開設、4 月江戸に講武所開設、8／5 アメリカ総領事ハリス下田に着任
安政 4	1857	8／5 ポンペら長崎に到着、［9 月市来四郎らが島津斉彬の銀板写真撮影に成功する］
安政 5	1858	4 月井伊直弼大老となる、6／19 日米修好通商条約調印、7／4 徳川家定 13 代将軍没、7／16 島津斉彬没、9 月安政の大獄始まる、10／25 徳川家茂 14 代将軍となる
安政 6	1859	3／9 歳三・天然理心流に入門、5／28 神奈川・長崎・箱館が開港、10 月橋本佐内（26 歳）・吉田松陰（30 歳）ら刑死、［写真師Ｐ・ロシェ来日する］
万延元 3／18	1860	1／13 勝海舟ら咸臨丸でアメリカに向かう、3／3 桜田門外の変・井伊直弼害死（46 歳）、9／28 睦仁親王立太子
文久元 2／19	1861	8 月龍馬・土佐勤皇党加盟、10 月皇女和宮降嫁

あとがき

幕末から明治初年にかけては、日本の歴史の中でも綺羅星のごとく魅力的な男たちが登場した稀有な時代でした。こうした英傑たちの肖像は、幸いなことに当時いち早く導入されて普及した写真の技術によって、教科書や歴史書、歴史小説などでよく見ることができます。

そんな肖像写真をひとつひとつ調べてみると、同じ人物の肖像写真でも各地に数多く残っていることがわかりました。

そしてこの肖像写真には、写真の一枚一枚にそれぞれ逸話やドラマがあるのです。

そこでそんな話をぜひ一般の皆さんにも知っていただきたいと思い、今回の出版企画を考えてみました。幸いなことに東京大学大学院馬場章教授編纂の『上野彦馬歴史写真集成』を出版された渡辺出版の渡辺潔氏が、今回の企画にご賛同くださり実現することができました。

また各章で紹介されている肖像写真については、それぞれその人物の肖像写真について情熱的にあるいは専門的に研究されている各氏に原稿の執筆をお願いすることもできました。

出版に当たって快く写真の使用許諾や、ご協力をいただきました各写真所蔵者、資料館、博物館、関係機関の皆様方には感謝、お礼申し上げます。

また、「古写真探偵団」の団員として各肖像写真について執筆していただいた渋谷雅之先生、石黒敬章先生、倉本基先生、土方愛先生の皆様方にもお礼申し上げます。どうもお疲れ様でした。
さて、私の方はできれば今度は別の人物の肖像写真を取り上げて、第二弾としての本も出版できたらいいなと勝手に考えています。

森重和雄

平成二十二年三月二日

執筆者紹介（本書掲載順）

渋谷雅之（しぶやまさゆき）
1942年　高知県中土佐町生まれ
1965年　徳島大学薬学部卒業
現　在　徳島大学名誉教授、薬学博士
著　書　『近世土佐の群像』他

石黒敬章（いしぐろけいしょう）
1941年　東京都文京区生まれ
1964年　早稲田大学商学部卒業
現　在　古写真蒐集家
著　書　『幕末明治の肖像写真』他

倉持　基（くらもちもとい）
1970年　東京都新宿区生まれ
2009年　東京大学大学院学祭情報学府博士課程満期単位取得退学
現　在　東京大学大学院情報学環特任研究員
論　文　『「フルベッキと塾生たち」写真の一考察』（『上野彦馬歴史写真集成』所収）他

土方　愛（ひじかためぐみ）
1971年　東京都日野市生まれ
1995年　上智大学外国語学部卒業
現　在　土方歳三資料館副館長
著　書　『子孫が語る土方歳三』他

森重和雄（もりしげかずお）
1958年　熊本県人吉市生まれ
1982年　大分大学経済学部卒業
現　在　㈱電通テック、古写真研究家
著　作　『幕末明治の写真師・内田九一』他

装幀：辻 恵理子

英傑たちの肖像写真
―幕末明治の真実―
平成二十二年五月十五日　第一刷発行
著　者　渋谷雅之・石黒敬章・倉持　基
土方　愛・森重和雄
発行者　渡辺　潔
発行所　有限会社渡辺出版
東京都文京区本郷五丁目十八番十九号
郵便番号　一一三―〇〇三三
電話　〇三―三八一三―二三三〇
振替　〇〇一五〇―八―一五四九五
本文印刷・製本　シナノ書籍印刷㈱
カバー印刷　ニューカラー写真印刷㈱
定価はカバーに表示してあります。
落丁本・乱丁本はお取替え致します。

ISBN978-4-902119-09-1

日本近代史研究余録

柴田紳一
（國學院大學准教授）

人物・史料・書物・読書の関係が織りなす深い感動。まさに人と人、人と史料、人と書物との「出会い」の大切さ、面白さを堪能させてくれる得難い内容である。（日本図書館協会選定図書）

本体3,000円

漱石と石鼓文

杤尾　武
（成城大学名誉教授）

『こゝろ』の装幀に何故石鼓文が使われたのか。漱石文学の底流に東洋的文人精神が横溢し、その血脈が脈々と流れていることを解き明かす。

本体2,800円

バルザックとその時代

伊藤幸次
（獨協大学教授）

十九世紀前半の日仏を比較対照し、日本の文化現象からフランスを思い、文豪バルザックの著作から日本に近づこうと探索する。

本体2,200円

タンカの精華

田中公明・玉重良知
（文学博士・弁護士）

歴史的・美術的・図像学的に貴重なタンカ（軸装のチベット仏教絵画）多数を収録した豪華カラー絵画集。日英二ヶ国語の詳細な解説付。

本体1,800円

渡辺出版刊